선교에서
선교적 삶으로

선교에서
선교적 삶으로

지은이 | 김용기
펴낸이 | 원성삼
본문/표지 디자인 | 한영애
펴낸곳 | 예영커뮤니케이션
초판 1쇄 발행 | 2020년 11월 11일
등록일 | 1992년 3월 1일 제2-1349호
주소 | 04018 서울시 마포구 동교로 55 2층(망원동, 남양빌딩)
전화 | (02)766-8931
팩스 | (02)766-8934
이메일 | jeyoung@chol.com
ISBN 979-11-89887-32-2 (03230)

값 11,000원

이 도서의 국립중앙도서관 출판예정도서목록(CIP)은 서지정보유통지원시스템 홈페이지
(http://seoji.nl.go.kr)와 국가자료종합목록 구축시스템(http://kolis-net.nl.go.kr)
에서 이용하실 수 있습니다. (CIP제어번호 : CIP2020044770)

 모든 인간은 하나님의 형상을 닮은 존귀한 존재입니다. 사람은 인종, 민족, 피부색, 문화,
언어에 관계없이 모두 다 존귀합니다. 예영커뮤니케이션은 이러한 정신에 근거해 모든 인
간이 존귀한 삶을 사는 데 필요한 지식과 문화를 예수 그리스도의 사랑으로 보급함으로써 우리가 속
한 사회에 기여하고자 합니다.

선교에서
선교적 삶으로

선교사 일상과 사역의 성찰 이야기

김용기 지음

From Mission to Missional Life

예영

선교사나 목회자가 쓴 책을 읽거나 추천하는 것이 썩 내키는 일은 아니다. 그간의 경험으로 미뤄볼 때, 은근히 자신의 업적을 내세우는 경우도 많았고, 과장과 미화가 뒤섞이는 경향도 더러 있었기 때문이다. 그럼에도 불구하고 이 책을 추천하도록 등을 떠민 것은 저자의 진정성이다.

어거스틴이나 파스칼 같은 존경할 만한 믿음의 선진들이 자기를 내세우며 남을 가르치려 하기보다, 되레 어둡고 부족한 자아를 있는 그대로 드러내는 고백록을 통해 후진들에게 공헌했던 사실을 문득 떠올려 주면서 잔잔한 감동과 생각거리를 선물하는 책이다.

내가 모르는 영웅이 갑자기 행간에 등장하지 않고, 장기간 이런저런 일로 교제하고 동역하면서 파악했던 바로 그 사람이 이 책의 다양한 단상 속에 화장기 없는 민낯으로 다가와 주어 고맙고 반가웠다. 그 감동과 격려를 여러 독자와 나누고 싶다.

– **정민영 선교사** (전 위클리프성경번역선교회[WBT] 부총재)

경험은 돈으로도 살 수 없는 귀하고 값진 것임에 틀림없습니다. 이 책은 선교 현장에서 경험한 것을 토대로 실질적으로 어떻게 선교하는 것이 효율적인 것인지를 제시하는 매우 유익한 산물입니다. 선교인들과 선교에 관심 있는 분들이라면 이 책을 통해 좋은 통찰력을 얻을 수 있을 것이라 생각하여 적극 추천합니다.

– **정흥호 총장** (아세아연합신학대학교)

지난 2005년 선교지 귀임 직전에 김미숙 선교사님의 암 발병 소식이 전해진 날, 저희는 이 특별한 선교사 가정을 하나님께서 사용하고 있다는 기대를 갖고 함께 어려운 순간을 지냈습니다. 그리고 오늘 이분들의 이야기가 담긴 책 속에서 선교 사역에 대한 자랑이나 영웅적 간증이나 괴로움의 호소를 발견할 수 없습니다. 오히려 진정성 있는 선교사의 성찰 이야기가 가득한 이 책은 저희가 함께 걸어온 이야기여서 낯설지 않고, 하나님께서 어떻게 우리의 기도와 헌신을 귀하게 여기시는지, 하나님의 방법으로 당신의 백성을 돌보고 성장시키시는지 보게 합니다. 아울러 진정성 있는 복음적, 선교적 삶에 대한 도전과 용기를 갖게 합니다.

저는 이 책에 담겨 있는 선교사의 삶에 대한 깊은 성찰의 메시지가 여러 성도의 삶에도 유익을 줄 것이라 확신합니다!

– **김요셉 목사** (수원 원천침례교회)

선교사가 어떤 일을 하는 사람인가를 물으면 딱히 말하기 힘들 때가 있습니다. 그 스펙트럼이 너무도 넓기 때문이요, 오히려 "선교사가 하는 모든 일이 선교다."라고 말하는 것이 맞을 듯합니다. 그러기에 선교사의 어떤 사역보다 중요한 것은 선교사의 마음 자세일 것입니다. 그 뜨거운 마음을 갖고 선교지에서 전 생애를 걸고 살았던 김용기 선교사님의 지나온 삶이 이 책에 있습니다. 쉽지 않은 일이 닥칠 때마다 하나님의 뜻을 찾으며 사역을 즐기는 모습에서 사역자의 마음을 읽을 수 있습니다. 김 선교사님은 그동안 삶으로 선교를 보여 주었는데 그것을 책에 담아 소개해 주고 있기에 많은 독자에게 울림을 줄 것으로 기대합니다.

좋은 꿈을 꾸는 사람이 있고, 이를 말로 표현하는 사람이 있고, 이 꿈을 삶 속에서 실현하는 사람이 있습니다. 우리 선교사님은 꿈을 사역 속에서 보여 주는 사람입니다. 가끔 신실하긴 한데 추진력이 부족하여 안타까움을 주는 사람도 있고, 추진력으로 밀고 나가 많은 성과를 보여 주기는 하지만 신실성이 부족하여 결과적으로는 좋은 열매를 맺지 못하는 사람들도 있습니다. 김 선교사님의 그동안의 사역은 신실한 마음과 뜨거운 가슴에서 시작하여 철저히 하나님께 물으면서 일을 추진하였기에 "결국 하나님이 하셨습니다."를 고백할 만한 결론을 내는 선교를 해 왔습니다.

이 책에서는 자신이 선교사로서 그리고 한 사람의 그리스도인으로서 하나님 앞에서 어떻게 살아왔는지를 보여 줍니다. 또한 베테랑 선교사로서 선교사의 마음과 방향을 진솔하게 서술해 주고 있습니다. 선교사들이 읽으면 교과서요, 성도들이 읽으면 신앙의 도전이요, 목회자들에게는 선교의 방향을 보여 줄 귀한 책이 될 것으로 확신합니다. 사도 바울의 뒤를 묵묵히 따라가는 그의 모습 속에서 이런 책이 탄생한 줄로 믿습니다.

– 장경덕 목사 (분당 가나안교회, 현 장로회신학대학교 이사장)

선교사로서 자신의 이야기를 글로 표현하는 일은 여전히 상당한 용기를 필요로 한다. 저자는 흔들리는 사역 환경의 변화 속에서, 자신의 사역적 정체성을 끈질기게 추구하면서 동시에 자신의 부끄러운 삶의 내면도 숨기지 않고 드러내려고 애쓰고 있다. 사역을 넘어, 삶의 정황 속에서 겪어온 개인적인 고뇌와 애환, 사역의 빛과 그림자를 진솔하게 나누려는 자기 고백은 선교 동역자들에게 새롭게 도전하고 시대를 깊이 있게 성찰하려는 용기를 줄 것이다.

– **도문갑 목사** (개척선교회[GMP] 초대 대표)

김용기 선교사는 올리브나무 같은 사람입니다.

알바니아에서 선교사님 부부를 만났을 때 올리브나무에 대한 이야기가 풍성했던 기억이 납니다. 그의 책이 올리브나무를 시작으로 전개되는 것은 그의 통찰과 시간 앞에 겸허한 삶의 모습을 표현한 것이라 고개를 끄덕이며 공감할 수 있었습니다.

이 책은 한국에서든 선교지에서든 그가 살아왔던 시대와 환경에서 하나님이 여시는 길을 따라 역동적으로 걸어온 흔적들로 가득합니다. 선교사가 아니라 복음에 합당한 삶이 선교를 가능하게 한다는 각성과 고백은 그의 걸어온 삶의 과정이었고 핵심이었습니다. 나라와 환경이 달라질 때마다 그를 이제까지 인도한 동력이었습니다. 그는 사역과 삶의 주인이 누군지 명확하게 알고 어떤 상황에서도 즐길 수 있는 지(知), 덕(德), 체(體)를 겸비한 삶을 써 나가는 베테랑이 되고 있었습니다.

이 책은 서사입니다. 김용기 선교사와 그 가족이 다양한 사건과 상황을 겪으며 따랐던 부르심의 여정을 담담히 보게 합니다. 실수나 편견을 감추거나 애써 변명하지 않고, 부닥치며 깨우쳐 가는 한 자연인의 모습을 발견하게 합니다. 그 깨우침의 동력이 하나님의 부르심과 그 부르심의 성취를 위해 받았던 다양한 훈련, 만남, 교훈이었음을 밝히는 그의 겸손이 돋보입니다. 누구나 할 수 있는 일이지만 아무나 가능한 모습은 아니었기에 그의 삶에 여운을 주고 있습니다.

이 책은 90년대부터 지금까지의 한국 선교 발전 과정, 한국에서 다소 먼 거리에 있던 동유럽 이슬람권에서의 사역 개척, 선교사 가정 안에 발생하는 애환을 종합적으로 보여 주고 있습니다. 단순한 회고와 그리움에 머물지 않고 써 내려간 고백은 읽는 이들에게 지금의 삶을 돌아보게 합니다. 그리고 선교가 무엇이냐고 질문합니다. 그는 선교는 삶이라고 고백하며 선교적 삶이 세상을 변화시키는 역동적인 힘이라고 합니다. 이 시대 한국 선교는 선교적 삶을 살아내는 그리스도인이라는 확장을 통해 새로운 전기를 마련해야 함을 강조합니다. 모두가 귀를 기울이고 눈을 열어서 듣고 보아야 할 소리이며 책입니다. 일독을 강추합니다.

– **이대행 선교사**(선교한국 사무총장)

1996년 4월의 어느 날이었습니다. 김용기 선교사님으로부터 슬픔의 애통이 가득 찬 전화 목소리가 들려 왔습니다.

"… 목사님, 우리 대은이가 오늘 아침에 죽었어요. …"

김 선교사님은 더 이상 말을 못하고 흐느껴 울었습니다. 이것이 도대체 어찌된 일인가? 이국 땅 알바니아 티라나에서.

알바니아로 가기 전, 좋은 조건으로 미국 한인 교회에 선교사로 초청을 받았지만 이를 마다하고 낯설고 열악한 알바니아 땅을 자원하였는데 큰 아들을 가슴에 묻게 될 줄을 누가 알았을까요?

"아, 아, 목사님! 절제를 할 수 없어요….절제가 안돼요, 목사님!"

나는 그때 흐느껴 울던 선교사님을 생각하면 지금도 가슴이 저려오고 눈물이 납니다.

주님께서 알바니아를 사랑하셔서 한 알의 밀알이 되게 하신가 보다, 그렇게 생각하기에는 너무나 큰 충격과 아픔이었습니다.

그 이후, 나는 아내와 함께 두 번 알바니아를 방문할 기회가 있었고 그때마다 대은이가 묻혀 있는 공동묘지를 찾았습니다. 수많은 어른이 누운 묘지 한 쪽에 있는 자그마한 아기 무덤 그리고 묘비에 있는 작은 십자가! "아빠, 저의 죽음을 슬퍼하지 마세요. 죽음이 헛되지 않게 알바니아의 영혼들을 사랑해 주세요." 그렇게 말하는 것 같았습니다.

이 책의 추천글을 쓰게 되어 기쁘게 생각합니다. 김 선교사님과 아내 김미숙 선교사님은 부교역자 시절 같은 교회를 섬겼던, 사랑하는 신실한 제자들이었습니다. 영혼의 고백과 선교 현장의 맥박이 흐르는 이 책을 기쁨으로 추천합니다.

– 박민재 목사 (행신동 주사랑교회, 전 축구 국가대표 선수)

차례

타문화권 선교에 헌신하고 아시안미션Asian Mission의 아프리카 수단 프로젝트에 참가하기 위해 준비하던 중, 당시 수단에서 내전이 발발하여 프로젝트가 무산되었습니다. 잠시 막막한 순간에 파키스탄 카라치의 한 팀과 연결되어 합류 준비를 하는 중에 동유럽 민주화의 마지막 도미노가 된 알바니아에 긴급히 영적·자원적 지원이 필요하다고 호소하는 국제 단체의 요청으로 선교회의 어른들은 전략적 판단을 하게 되었습니다. 이로 인해 파키스탄 팀에 양해를 구하고 저희 가족은 알바니아로 파송되었습니다.

긴장된 마음으로 처음 알바니아의 수도 티라나의 리나스 국제공항에 발을 들여놓았을 때 느꼈던 시골 풍경과 1차선의 좁은 공항로 양편에 서 있는 감나무들과 들판의 모습이 한국의 농촌을 보는 듯한 정겨움으로 마음에 안도를 느꼈던 것을 기억합니다.

1년 일조량이 300일 이상 되는 알바니아는 언덕마다 올리브나무가 즐비합니다. 처음 올리브나무를 접하고는 성경의 감람나무가 생각나서 감동을 받았습니다. 나무의 신비한 형태에 감복해서 알바니아에서 보낸 첫 번째 기도 서신에 올리브나무 잎을 편지지에 정성을 다해 테이프로 붙여 발송하였던 적이 있습니다.

2-3주 후, 편지를 받으신 분들은 식물의 파편이 동봉된 서신을 받고는 의아해하시며 편지 봉투 안에 있는 것이 무엇이냐고 물어 오신 적이 있습니다. 편지지 위쪽에 동봉한 올리브 잎이 장시간 배달 일정에 말라 부서지리라 미쳐 생각하지 못해서 벌어진 해프닝이었습니다. 그렇게 올리브나무를 좋아하는 저는 올리브나무의 특징을 통해서 새롭게 선교사 삶의 통찰을 얻습니다.

☐ 올리브 평균 수명 1000년(지중해 국가에서는 수령樹齡이 2000년 이상 다수)

☐ 올리브 종 700여 종

☐ 첫 열매 약 4년 후

☐ 온전한 열매 30년 후

☐ 일평생 열매를 맺고, 나무는 값비싼 목기로 쓰임.[1]

올리브나무의 특성이 저와 닮았고 그렇게 되고 싶습니다.

저는 선교사입니다. 복음을 위하여 세상으로 보냄을 받은 수많은 선교사 중 한 부분으로 살아가면서 지나는 길목의 풀 한 잎도, 지나치는 사람들의 표정도 관찰하고 배우려고 노력합니다. 이렇게 관찰한

1　국립생태원(www.nie.re.kr) 주요 동식물 및 위키피디아(en.wikipedia.org/wiki/Olive) 참조.

것들이 새로운 통찰력을 갖게도 하고 적용하면서 일반화할 수 없는 오류도 일으키지만 그렇게 선교사가 되어 가고 있습니다.

처음부터 잘할 수는 없었기에 저를 보내신 하나님께 기도하고 자주 한국 교회에 부탁드립니다.

첫 열매는 3-4년이 있어야 하지만 그나마 부실한 열매입니다. 30년은 되어야 온전한 열매가 나타난다니 그 열매는 아마도 제가 어떠한 사람이 된 열매일 것입니다.

그러니 멀리서도, 가까이서도 향기 나는 사람, 하나님의 사람, 성령의 사람, 복음이 진하게 드러나는 사람이 되는 열매가 되도록 기도해 주십시오. 많이 연약하고 실수하는 저를 조금만 참아 주십시오. 기다려 주십시오. 그럼 저는 그 기도의 바람을 타고 치열한 영적 전쟁의 한가운데로, 성장을 위한 모나고 기우뚱한 저를 깨트리는 낮아짐의 자리로 주저 없이 나아가겠습니다.

올리브 열매의 종류가 700종 이상인 것과 같이 선교의 방법도 선교사의 특징과 모습도 각기 다른 개성이 있습니다. 다름이 다양성의 아름다움이라고 생각하는 순간 우리 공동체는 얼마나 풍성할까요!

선교사들의 다양함을 자연스럽게 생각하는 여백이 필요하기에 저의 남다름과 독특함에 하나님의 긍휼과 교회의 이해를 구합니다.

그렇게 저는 일평생 하나님의 사람으로 복음의 선한 영향력을 나누고 죽어서도 그 나라를 위해 기여하는 사람, 복음의 품격이 드러나는 선교사가 되고 싶습니다.

오늘날의 선교는 더 이상 특정 선교 단체에 의해서만 지속되지 않습니다. 선교지는 더 이상 국경선으로 나누어진 지역적·국가적 개념이 아니라고 합니다.

지역 교회가 선교하는 시대, 전 성도가 동원된 이와 같은 선교 시대는 어쩌면 이미 성경이 말하는 선교의 모델에 가까워진 것입니다. 그래서 선교는 특정인의 몫이 아니라 바로 모든 그리스도인의 사역이 됩니다.

선교가 강조될 필요가 있을까요? 아닙니다! 이제야 이것을 깨닫습니다. 만약 복음이 강조된다면, 선교는 자연스러운 그리스도인의 삶이 될 것이기 때문입니다. 복음은 이미 상당히 선교가 강조되어 있다고 많은 분이 고백하고 있는 것을 우리는 여러 책과 메시지를 통해서 접하고 있습니다.

선교의 당위성과 방법들이 강조되면서 복음적인 삶의 원리와 복음과의 연관성을 찾아볼 수 없게 된다면, 그것은 무의미한 소모가 될 것입니다. 그러므로 복음이 모든 선교의 최우선이며 복음에 주목하고 강조해야 합니다. 그러므로 선교해야 한다고 외치던 저는 이제 더 이상 그 소모적인 말을 줄입니다.

올리브나무처럼 오랜 세월 굳건히 자신의 모습에 성실하게 역할을 하며 인류에 유익을 나누는 모습처럼 복음에 합당한 삶을 사는 것이 시대적 선교 사명을 바르게 감당하는 원리이고, 말보다는 삶이 메시지가 되는 그리스도의 방법이기 때문입니다.

지상의 모든 교회가 선교적이기 위해서 복음적이어야 하듯이, 선교사인 저도 복음적인 삶을 저 스스로에게 강조하고자 선교지에서의 26년 생활과 사역 가운데 관찰하여 얻은 통찰들을 성장과 성숙을 위해 정리하여 성찰합니다.

모든 그리스도인이 선교사로 살아야 하는 이 복음의 요구에 무명의 한 선교사가 복음의 품격을 드러내고 성장하려는 이야기가 어쩌면 조금은 우리의 선교적 삶과 사역에 시행착오를 줄이고 생각할 영역들을 넓혀 주기를 기대합니다.

예수님의 가르침 상당한 부분에 비유들이 포함되어 교훈을 주는 것과 같이 저 역시 선교사로의 삶을 살며 지나고 있는 수많은 사건을 통하여 선교는 의외로 매우 총체적이고 다차원적인 통합된 생각이 요구되는 것임을 배워가고 있습니다.

선교학을 배우던 시절, 서대문 아세아연합신학대학교ACTS의 강의실에서는 대한민국을 대표할 만한 신학자이신 노老 교수님이 강의 때마다 "나는 죄인입니다. 선생으로 잘못 가르친 것이 너무 많이 있습니다. 용서해 주세요."라고 기도하고 찬송가 405장 새찬송가 305장 "나 같은 죄인 살리신"을 4절까지 부른 후에야 강의를 시작하셨습니다. 그런 교수님의 본질적인 것에 대한 고민의 깊이가 이제야 조금 더 이해됩니다. 가만히 생각해 보니, 복음적인 열정이 가장 충만할 때 선교 사역은 훨씬 자연스럽고 아름다운 태도를 가집니다.

'선교사'라는 타이틀이 주는 의미에 대하여, 선교적 삶의 태도에 대하여, 세상의 가치로부터 분리되어 복음의 가치로의 혁신이 매일 일어나기를 꿈꾸고 소원하면서 저에게 이 글을 씁니다.

그러한 통찰력의 증언들이 가능하면 조금 더 생생하게 이곳에서 나누어지기를 바랍니다.

복음을 위해서 자신을 부인할 수 있는 용기가 있기를.
복음을 위해서 하고픈 일을 멈출 수 있는 믿음이 있기를.
복음을 위해서 하기 싫은 것을 수행할 순종이 있기를.
복음을 위해서 말하는 것처럼 살 수 있는 진실함이 있기를.

복음은 우리가 부인될 때 그리스도가 드러나게 하며,
복음은 우리의 욕망이 분별되고 멈출 수 있게 하는 믿음을 갖게 하며,
복음은 모든 일에 순종할 소망을 새롭게 하며,
복음은 우리의 언어와 삶이 일치되게 합니다.

코로나19로 고통받는 환경에서도 부족한 이 책을 위해 우리 부부의 선생님으로, 동역자로, 목회자로, 행정가로 섬기고 영향을 주신 분들께서 마음으로 추천사를 써 주신 것에 깊은 감사를 드립니다.

이 책을 위해 격려해 준 알바니아 GMP 동료들과 FMB의 응원에 감사합니다. 언제 책이 나오느냐며 기다리고 있다는 여러 선교사님의 문자도, 코멘트도 이 책에 좋은 동기를 일으켜 주었습니다.

그동안 저를 참아 준 모든 분과 성장의 과정을 함께해 준 분들께 감사합니다. 특별히 저의 못남으로 피해를 입은 스쳐간 분들과 동료 선교사님들과 '쉬프레사교회' 성도들 그리고 특별히 가족들에게 감사합니다. 아내 김미숙 선교사의 전폭적인 지지와 은혜와 대영이의 그들 세대의 눈과 생각을 나누어 주어 도움을 얻었습니다.

이분들의 성숙과 아량과 기도가 하늘 보좌를 움직여 오늘 제가 조금 더 본질을 구하는 구도자의 모습으로 성장의 열정을 갖게 되었습니다.

끝으로 무명 선교사의 원고를 검토해 주고 동역해 준 예영커뮤니케이션 원성삼 대표님과 편집팀의 헌신에 감사합니다.

1장

그리스도인인가?
Or 선교사인가?

From Mission to Missional Life

'선교사'라는 호칭과 정의에 대하여 회의懷疑가 있는 시대다.

타문화 선교 훈련을 받던 1992년 가을, 나는 '장로회신학대학교' 교수이자 필리핀 선교사였던 분과 함께 도떼기시장 같았던 배를 타고 필리핀 '루손섬'의 어느 바닷가를 지나며 나눈 대화를 지금도 잊을 수가 없다.

"김 선교사님, 왜 선교사들은 측은한 존재이며 영적으로 고갈되어 있다고 여겨지고, 뭔가 사역의 대안으로 선교지에 나온 사람들처럼 취급받을까요? 선교사는 타락한 시대에 최후의 믿음과 영적 순결의 보루로서 세상에서 가장 신뢰받는 소망의 기쁨을 전하는 복음 증거자로 그 존재감이 있어야 하지 않을까요?"

선교지 출발을 앞두고 막바지 훈련을 받던 내게 선교사님의 이 일성—聲은 "내가 어떠한 사람으로 살아야 하는지?", 선교사라는 정체성을 세우는 데 큰 울림이 되었다.

선교사 인선위원회를 마치고 그 답을 기다리던 때, 내가 속해 있는 선교 기관은 국내외에서 건전하고 건강한 기관으로 인정을 받고 있던 터였기에 허입 결정 통보를 받고는 매우 기뻤다. 그리고 자랑스러운 마음이 가득했으며 그 기억은 초심의 자리로 돌아가는 기준점이 되었다.

당시 사무실이 있던 강남 사랑의교회 교육관 영동플라자 앞 벤치에서 선교 훈련원 총무께서는 처음으로 나를 '선교사'라고 불러 주시며 "선교사는 자신의 성장과 성장으로 선교 단체를 빛나게 하는 것이 선교 단체의 후광에 기대어 자신을 숨기는 것보다 귀한 일일 것입니다."라고 하셨다. 이 충고도 내게는 큰 약이 되었다.

만인제사장 시대를 사는 우리는 신약교회의 정신과 종교개혁의 원리를 이어가는, 그 어느 때보다도 개혁 신앙이 자유로운 시대를 살아가고 있다. 그 정신은 그리스도인의 삶의 영향력이 세상에 흘러 넘쳐 세상 스스로 살아 계신 하나님께 영광을 돌리며 그리스도인의 삶을 증언하는 것이 되기를 사모하는 것이라 생각한다.

선교사,

신뢰하기에 충분한 삶의 증거들과 흔적들이 증언되는 사람들.

선교사,

뒤진 환경에 살면서도 시대의 흐름을 읽고 있는 배울 것이 많은 사람들.

선교사,

누구와도 친구처럼 교제를 나눌 수 있는 여유가 있는 친밀한 사람들.

선교사,

복음을 위해서, 영혼을 위해서

자기를 부인하는 것으로 복음의 능력을 보여 주는 사람들.

우리는 세상을 품을 그리스도인이다!

내가 살아가는
방식

2019년 9월 24일, 알바니아는 근 30년 만에 일어난 최대 지진으로 흔들렸다. 이후 여진이 계속 되면서 꽤 심각한 피해를 전하는 뉴스들이 이어졌다.

우리 부부 역시 첫 번째 지진이 있던 그 순간, 땅에서 회오리 소리 같은 꽹음, 여기저기 물건이 떨어지는 소리와 사람들의 비명 소리를 들었다. 이와 더불어 몸을 가누지 못할 흔들림에 놀라면서 몸은 통제가 되지 않고 떨렸다.

급히 건물 밖으로 나왔는데 맨발로 뛰쳐나온 사람들이 길거리 여기저기에 앉아 있고 술렁거리는 심상치 않은 느낌과 분위기였다. 상황을 주변 선교사님들과 공유하면서 우리 부부도 다시 들어가 즉시 비상용 대피 가방을 챙겼다.

여권, 거주 증명서와 중요한 서류들, 소지한 현금과 신용카드, 약간의 여벌 옷 그리고 약과 노트북들을 담은 백팩_{Backpack}을 챙기는 순간 다시 흔들리는 여진이 이어지고 있었다.

지진 활동이 심했던 이틀간 알바니아는 여러 가짜 뉴스까지 나와서 늦은 밤에도 위험 지역을 벗어나려는 시민들의 대피 행렬로 도로가 가득 찼다. 많은 사람이 노천에서 밤을 지새우거나 집 근처 광장으로 이동하여 자동차 안이나 천막을 치고 밤을 보냈다. 많은 집에 금이 가고 주차되어 있던 차들이 추락한 물건에 망가졌으며 학교는 휴교령이 내려지는 등 사람들의 동요와 심리적 충격이 컸다. 이런 지난 주를 보내고 이번 주초週初는 엄청난 비가 천둥번개와 함께 내려 침수 피해까지 생겼다.

이러한 천재지변을 몸소 겪으면서 '세상에 안전지대란 없다!'라는 사실을 새삼 절감하게 되었다. 이 혼란을 함께 보냈던 이웃들과 주변 사람들에게서 가장 많이 들은 말은 "O Zot!오~죠띠! O Zot!오~죠띠! Na ndihmo! 나 은디흐모! Na mbro! 나 음브로! (하나님, 하나님! 저희를 도우소서! 저희를 보호하소서!)"였다.

50여 년간 철의 장막에 무신론 국가를 자랑하던 이 사람들의 입에서 자연스럽게 흘러나오는 표현이기에 무척 새롭게 다가왔고 그 절실

함이 평소와 달랐다.

최근 알바니아는 영적으로 매우 공허하고 방향을 잃은 듯한 상태다. 공산주의 이후 자유와 민주주의가 도래했다. 자본주의와 개인주의와 함께 전에 없던 양극화 현상으로 사람들은 물질에 빠져들었다. 종교와 영원에 대한 관심이 사라지는 것을 안타까워하던 나로서는 이 사회가 지진과 폭풍을 겪으며 위대한 창조자로 인하여 크게 놀란 점에 주목한다.

먹을거리를 걱정해야 했던 민주화 전후 영적 진공상태였던 이 땅에서는 복음을 전할 때마다 하나님께서 은혜를 주셔서 많은 회심자를 만날 수 있었다. 하지만 세월이 지나 경제가 발전하고 더 나은 화려한 삶을 추구하는 현재 알바니아는 더 가지려는 욕심으로 가득 찬 차가운 경쟁 사회가 되었다.

교회로 모이던 사람들이 줄어들고 있으며 전통적인 전도가 더 이상 통하지 않는 도시들이 되어가는 현상을 목격하고 있다. 그런데 이런 사회 변화로 현지 선교사들은 영적 고전을 겪게 되었다. 무엇을 해도 잘되지 않기 때문에 상황을 돌파하려고 다양한 방법으로 복음 전도를 시도하고 있지만 자주 실패하는 것 같기 때문이다.

수년간 지속되는 이러한 영적 부흥의 결핍은 내가 이곳에서 무엇을 하고 있는지를 혼란하게 했다. 현장에서의 수많은 경험과 노련

함은 무뎌진 칼날처럼 효율적이지 못했다. 항상 습관적인 하루 일과Routine를 이어가고 있는 것은 돌파를 말하면서도 안전지대에 거하려는 심리적 한계 안에서 새로운 혁신을 머뭇거리게 하는 요인이 되는 것 같았다.

지진의 충격은 지지부진하던 사역과 영적 황폐함이라는 환경에 주눅들어 하루하루를 버텨가던 중에 마치 하나님께서 "내가 누구인지를 알라!"고 말씀하시는 음성과도 같았다.

변화하는 사회 현상과 물질주의에 주눅들지 말고, 복음 전파 방법에 골몰하지 말고, 복음에 집중하고 그 안에서 살라는 하나님의 흔듦이었다. 적어도 내게는 그랬다. 이렇게 지난 지진으로 두 가지를 배운다.

첫째, 지진 이후 사람들은 자연스럽게 이웃들과 서로 잦은 안부를 묻게 되었다.

현지인들도 외국인들도 서로 도와 주려는 배려와 관심의 표현이 잦아진 것을 볼 때, 어쩌면 여러가지 삶의 이슈와 생존의 분주함에 가려져 있었던 사람에 대한 진심이 위기로 인하여 재발견된 것 같다. 하나님께서 우리에게 주신 선함을 사모하고 추구하는 본연의 것을 드러내는 때는 의외로 인간이 가장 나약함을 깨닫고 난 이후다.

둘째, 지진이 잦아들고 일상을 회복하고 있는 우리는 파손되어 행인들이 낙상할 수 있는 교회의 담장 보수 보강 공사를 일주일간 했다. 시청에서 해야 할 공사이지만 아무리 민원을 넣고 알려도 진전이 없고 위험은 매일 그대로 노출되어 있었기에 마냥 기다릴 수 없었다. 그래서 지역 사회의 안전을 위해 공사를 시작했다.

담장 보강 공사를 위해 부른 기술자 두 분의 일하는 속도가 매우 느렸다. 답답한 마음에 물었더니, 의외로 다른 이웃들을 의식해서 그런다는 답을 들었다. 나는 "우리가 좋은 일을 하고 있는 것인데, 오히려 이것을 고마워해야 하는 것 아니냐?"라고 말하며 일을 서둘러 달라 했지만 요지부동이었다.

이 사람들에게 좋고 나쁨은 우선순위가 아닌 것 같아 보인다. 이해되고 합의가 되는 것이 우선되고 선호되는 것 같아 보인다. 나라에서 해야 할 것에 대해 오히려 대가를 지불하며 좋은 일을 하는 나로서는 기가 막혔다. 하지만 이 사건은 곧바로 '내가 무엇을 하는 사람인지? 어떤 방식으로 살아야 하는지?'에 대하여 깊은 성찰의 자리로 나아가도록 해 주었다.

한국 같으면 이삼일이면 마칠 공사를, 정해진 공사비에 특별히 일을 며칠 더해도 이윤이 발생하지 않는데 불편해할 주변 사람들을 의식해서 일주일간 노동을 감내하는 이 사람들의 성품에서 과업 성취의 속도보다는 더불어 사는 것을 배운다.

사람들이 이해하지 못한 좋은 것은 가치를 인정받지 못하니 이러한 선한 일을 하는 사람들은 항상 외롭다. 섬김의 종으로 이 땅에 오신 선교사 예수님의 삶이 그러하셨다. 그 선하심을 세상은 알아보지 못했고 거절했기에 예수님은 종종 외로우셨고 괴롭기도 하셨다. 그래도 담담히 순종의 길을 걸으신 예수님의 성육신에서 삶의 방식을 배운다.

만약 내가 예수님께서 보여 주신 본을 따라 '성육신'적인 선교 사역을 한다면 외로움과 괴로운 일들이 많을 것이다. 나의 삶에 이러한 환경이 유쾌하지 않지만 그 환경이 하나님을 더욱 의지하며, 하늘의 소망을 가지며, 성령님의 도우심에 의존하게 되니 역설적이게도 축복의 장이다.

나도 주님의 본을 좇아 성육신적인 선교사가 되고 싶다. 그것이 내가 사는 방식이 되기를 소원한다.

하나님은 우리의 피난처시요 힘이시니 환난 중에 만날 큰 도움이시라 그러므로 땅이 변하든지 산이 흔들려 바다 가운데에 빠지든지 바닷물이 솟아나고 뛰놀든지 그것이 넘침으로 산이 흔들릴지라도 우리는 두려워하지 아니하리로다 (셀라) … 이르시기를 너희는 가만히 있어 내가 하나님 됨을 알지어다 내가 뭇 나라 중에서 높임을 받으리라 내가 세계 중에서 높임을 받으리라 하시도다 만군의 여호와께서 우리와 함께 하시니 야곱의 하나님은 우리의 피난처시로다 (셀라) _ 시 46편

선교사의 신분과
덤[1]으로 얻는 것들에 대하여

선교 훈련원을 수료한 후 선교 단체 허입許入심사의 마지막 인터뷰를 마친 어느 날, 훈련원을 섬기던 교수님께서 처음으로 나에게 "선교사님!"이라고 호칭을 주셨다. 마치 영화 "사관과 신사"에서 혹독하게 훈련했던 교관들이 수료하는 생도들에게 경례를 하는 느낌이라고 해야 할까? 선교사로 불리는 무게와 부담 있는 호칭에 황공해서 순간 놀라 당황했다.

삶과 사역에 책무가 요구되는, 어쩌면 공적 신분이라 해도 될 만한 직함을 받은 나는 80년대 말 우리에게 전해진 10/40창에 있는 복음이 필요한 사람들에게 미미했던 선교 사역에 대하여 영적인 부담과

---

1 "거저 더 얹어 준다"라는 '덤'은 바둑에서 쓰이는 용어다. 대국에서 먼저 두는 흑돌이 유리하기 때문에 백돌에게 몇 집 더 주는 일을 덤이라 했다(우리말사전).

함께 도전을 받았다.

전통적인 방법으로 그들에게 복음을 전할 수 없기 때문에 고전하던 선교 사역들과 소외되어 있는 그들에게 창의적인 방법으로 복음을 전할 전문인 선교사가 필요하다고 외치는 동원가들의 외침은 분명하고 확고했다.

"모든 그리스도인은 성경이 요구하는 하나님의 선교에 구체적으로 응답해야 한다."

나는 그 도전에 반응하였다. 그리고 얼마 지나지 않아 지구상에서 가장 폐쇄적이던 공산주의 국가이며 당시 유럽 유일의 이슬람 국가이자 최빈국으로 파송派送받았다.

부름을 받아 심겨진 땅에서 나는 태권도를 통하여 교회를 개척하는 비전을 전략화하여 사역을 시작하였다. 태권도가 소개되지 않은 그 땅에서 태권도를 가르쳐 붐을 일으키고 전국에 도장을 개설하여 전도와 제자훈련의 장으로 삼았다. 종국적으로는 이것을 교회로 발전시켜 이양하는 것이 개략적 전략이었고, 지난 27년간 부분적인 결실을 보게 되었다.

세월이 지나면서 선교사란 호칭도 나에게 자연스럽게 들리고 누가 나를 "선교사님!"이라고 부를 때 들었던 황송한 마음은 언제부터인가 사라졌다. 그리고 이제는 당연하게 여겨진다. 때로 누가 나를 "전도

사님!"이라고 부르면 괜히 기분이 언짢아지기까지 한다.

　나는 전문인 선교사로 살며 성경적인 총체적 선교의 유익이 무엇이며 왜 이를 적극적으로 사용해야 하는지 그 필요에 대하여 경험을 통해 잘 이해하고 있다. 하지만 태권도_{전문성}를 도구_{Tool}로 활용하면서 종종 정체성을 잃어버릴 위험에 자주 또 쉽게 노출된다는 것을 부인할 수 없다.

　나에게는 세 개의 명함이 있다. 선교 본부와 교단에서 받은 목사와 선교사의 직함이 있는 명함, 세계 태권도 본부인 국기원에서 발급받은 국제자문위원 명함 그리고 약 7년여 주재국 대사관에서 부여받은 업무를 하도록 제공받은 외교부의 명함이다.

　나는 이것들을 필요와 장소와 업무에 따라 각각 사용하며, 사람들은 나를 여러 호칭으로 부른다.

　종종 목사와 선교사의 신분 노출은 유익할 때도, 또 불리할 때가 있고, 반면 선교 사역 중 덤으로 얻은 직업적·업무적 직함들은 선교 현장에서는 요긴하고 편리와 혜택을 얻게 해 준다. 이러한 직함과 업무들은 세상에서도 취하기를 좋아해서 다툼이 되는 요소가 많고 자랑과 육신의 편리함 때문에 특별히 노력하지 않으면 정체성에 대한 혼란을 초래한다.

　내 삶의 목적에 맡는 정체성은 무엇일까? 나의 정체성은 하나님의 종이다. 종은 자유를 박탈당한 신분이다.

내가 사모하는 신분은 스스로 된 종, 즉 율법에 의거해서 자유를 박탈당한 종이 아니라 자유가 있으나 스스로 종이 된 은혜 가운데 사는 신분을 의미한다 고전 9:1, 16-23.

이 유쾌하지 않은 종이라는 신분이 하나님의 은혜 아래서는 영광스러운 신분으로 변화되고 그 영광을 얻은 선교사는 스스로 종이 되어 주인의 뜻을 위하여 자유를 포기한 거룩한 결정과 순종으로 응답하며 살아가는 사람들인 것이다.

사명을 수행하면서 얻게 된 여러 직함과 다양한 배려는 선교 사역을 효율적으로 수행하기 위하여 얻게 되는 덤들이다. 덤으로 얻은 것들은 많은 이점Advantage을 갖게 하여도 사명 그 자체가 가지고 있는 고귀함과 비교할 때 하찮은 것들이다. 따라서 여기에 집착하는 것은 선교사라는 신분에 걸맞지 않는 태도일 것이다.

시편 기자는 36편 5절에 "여호와여 주의 인자하심이 하늘에 있고 주의 진실하심이 공중에 사무쳤으며"라고 노래했다.

선교사의 주인이 되시는 하나님은 사람들이 생각하는 것보다 훨씬 위대하신 분이다. 그분은 항상 정직하고 공의로우셔서 헛된 말을 하지 않으시며 하신 말씀을 이루는 성실한 분이시다. 하지만 이러한 신실하신 하나님의 언약이 보장된 종 된 선교사도 순종의 자리에서 얻게 되는 편리하고 매력적인 섬김의 도구인 덤^{주어진 것}들로 인하여 본연의 일들에 대한 정체성의 위기를 겪게 된다는 것은 슬픈 나약함이다. 하나님의 위대한 일에 순종의 태도로 접어든 길에서 어처구니 없게도 그 본질에 대하여 혼란을 겪게 되는 것이니 말이다.

혼란은 주인의 뜻에서 자신의 뜻으로 항해의 방향을 바꾸게 한다. 주인을 기쁘게 하려던 예배자의 태도가 나의 만족으로 그 목적이 슬며시 옮겨진다. 만족의 내용이 변질되면 늘 먹어도 배가 고픈 것처럼 스스로 만족할 수 없는 한계에 봉착한다. 그래서 계속 사람들의 배려에 익숙해지고 대우받는 것을 당연시하게 된다. 종종 일에 함몰되어 무감각적으로 출구 전략 없이 확장에 몰입하고, 권력의 동기로 포지션에 연연한다. (건전한 자기계발과 전략적인 사역 돌파와 섬기는 지혜로운 권위의 리더십과 차별된) 사람들의 인정에 좌우하는 감정 기복이 고통스럽게 한다. 자신의 형편을 지나치게 변명하고 자신의 입지를 과시하기도 한다.

사명의 수행 과정에서 만나는 친절한 하나님의 사람들이 나누는 배려와 덤으로 주어졌던 요긴한 것들은 그것에 취해 본연의 자세를 잃어버릴 때 나를 넘어트리는 무기가 되어 돌아오는 것을 깨닫는 데 게으르다.

하나님은 말씀하신다.

너희 중에 여호와를 경외하며 그의 종의 목소리를 청종하는 자가 누구뇨 흑암 중에 행하여 빛이 없는 자라도 여호와의 이름을 의뢰하며 자기 하나님께 의지할지어다 _ 사 50:10

어떤 학위를 가졌고, 어떤 단체와 교단에 속했고, 멘토가 누구이며, 내가 무슨 일들을 했으며, 어떤 전공과 은사가 있는 것이 절대적인 것이 될 수 없다. 혹은 무기력하거나 사역과 삶에 진전이 없는 때, 이것 밖에 안 되는 나의 외소함이 한없이 송구하고 주눅이 든다 할지라도 진정 중요하게 여겨야 할 것들에 대한 각성은 이것이다.

☐ 나는 어떤 사람인가?
☐ 누구의 종인가? (삶의 중심에 누가 있는가?)
☐ 어떤(어떻게) 선택들을 하고 있는가?

이것들이 우리 존재를 구별하고 하나님의 능력을 체험하며 순종의 기쁨 가운데 평안을 얻는 기준이 되는 것이라고 성경은 우리를 교훈하고 있다. 그리고 그 일을 이루시는 우리 하나님은 신실하신 하나님이라고 확언해 주고 있다.

내게 있는 세 종류의 명함은 유용한 도구임에는 분명하지만 나를 제한적으로 나타낸다. 게다가 선교 사역을 하면서 덤으로 얻게 된 것이 아닌가? 의지할 것도, 믿을 것도, 자랑할 만한 것이 되지 않는다.

흔히 사람들은 얼굴에 그의 인생이 드러난다고 한다. 덤으로 주어진 것들에 취하기에는 하나님께서 내게 주신 신분이 너무도 경의롭다. 그분의 빛을 받은 그리스도인의 얼굴을 구하고 그 향내가 가득하다면 그것은 그 어떤 명함보다도 강력하고 선한 영향력일 것이다.

그러나 여호와께서 기다리시나니 이는 너희에게 은혜를 베풀려 하심이요 일어나시리니 이는 너희를 긍휼히 여기려 하심이라 대저 여호와는 정의의 하나님이심이라 그를 기다리는 자마다 복이 있도다 _ 사 30:18

좌충우돌
부모 되기

선교지로 출국한 직후 'MK-Nest'라는 선교회가 출범한 소식을 받았다. 선교 훈련원에서 선생님으로 뵙게 된 백인숙 선교사님께서 선교사 자녀를 위한 둥지 사역을 하신다는 소식을 접할 때만 해도 우리 부부는 막 돌을 맞은 아이를 양육하고 있어서 이 기관의 출범을 크게 의식하지 않았다.

그렇게 소식만 듣고 있던 'MK-Nest'를 구체적으로 접한 것은 1997년 3월 내란으로 선교지를 탈출하여 서울 목동에 있는 '선교 훈련원'GMTC 믿음의 집에 입주하면서이다. 마침 'Nest'는 선교관 숙소 바로 아래층에 사무실을 두고 있던 터라 우리는 여러모로 접촉을 자주 하게 되었고, MKMissionary Kid가 국내에서 자란 일반 아이들과 다른 점에 주목하여 적절한 돌봄이 필요하다는 것을 이해할 수 있었다. 여기서 적절한 돌봄이란 특권을 부여한다는 의미는 아니다.

2020년 오늘날에는 상황이 여러모로 변했지만 20세기 말까지 (지역에 따라 지금도) 대부분 선교사들의 자녀 양육 환경은 많이 열악했다. 많은 경우, 어린아이들을 기숙학교에 두고 부모들은 선교 현장에 있었기에 아이들은 어린 나이부터 부모와 떨어져 다른 언어권의 대리부모나 학교 스태프들에 의해 다국적인 또래 공동체에서 성장했다.

오늘날 그들의 간증을 들어 보면 아이들이 겪은 분리와 외로움과 두려움에 더하여 충분한 교육 리소스를 제공받지 못했다. 또 부모 나라의 언어를 잊어버리는 경우도 빈번했던 것이 사실이다.

이러한 환경을 부모 선교사, 선교 관계자들 그리고 그들을 보낸 교회조차도 헌신의 한 영역이라고 생각했다. 저들의 아픈 이야기에 감동하고 함께 아파하며 선교사들의 희생에 공감하는 것으로 역할을 다했다고만 생각했다. 선교사 자녀들이 다양한 문화와 언어권이라는, 다국적 학생들과 교사들로 구성된 색다른 환경에서 성장하는 의미와 그들에게 형성되는 가치관이나 문화에 대해 이해하려는 노력은 부족했다.

또한 이러한 환경의 방치가 선교사들의 조기 탈락으로 이어질 것이라는 것을 예측하지 못했다. 그래서 자녀 문제로 인하여 선교사들이 선교지를 이탈하게 되면 개인의 관리 또는 헌신의 문제로 보았다. 이것이 불필요한 감정 소모와 원치 않는 상처를 주고받는 원인으로 작용하는 일들도 종종 발생하는 것은 공공연한 사실이다.

자녀 문제로 선교사 가족이 받는 아픔은 무모했고, 그 후유증은 곧바로 사역의 질과 그 자녀들의 미래와 연관된다. 그러므로 적절한 돌봄이란 자녀들의 양육에 대하여 기본적으로 생각할 수 있는 최소한의 이해를 계몽하고, 다양한 환경에서 자라는 아이들이 건강한 기독인이 되도록 아이들의 특성을 이해하고 훈련된 분들이 전문적으로 준비된 상태에서 돕도록 배려하는 것이라 정의해 본다.

여기서 기본적인 최소한의 이해는 이런 것들이다. 선교사들의 자녀들도 성장 과정과 학령기 건강과 교육과 진로를 위한 안내와 필요가 발생한다는 점, 신앙에 대하여 갈등하는 시기가 있다는 점, 때로는 심한 사춘기도 있다는 점 그리고 대학을 가지 않고 다른 재능의 길을 선택하는 아이들도 있다는 점 등이다.

이제 좋은 부모가 되려는 마음에 비해 한계와 부족함이 많았던 우리 부부의 부모로서 부끄러운 성장기를 소개한다.

대부분 선교 사역자들이 그렇듯이 우리 아이들도 태중胎中에서부터 선교 훈련이나 사역 개척 등으로 잦은 이동과 여행을 경험하였다. 큰딸의 경우, 선교지에 안착하기까지 약 3년간 7개국을 이동하며 수도 없이 이사와 이주를 반복하였다. 늘 새로운 환경에 새로운 언어를 사용하는 사람들을 대면했고 부모는 훈련과 적응에 긴장되어 있었다. 그리고 형편에 따라 다른 종류의 분유를 사용했고 때로는 기저귀를 구할 수 없어 무명천을 구해 사용했으며 무질서하고 시끄러운 환경에 노출되었다.

큰아이가 초등학교에 들어갈 즈음, 백인숙 선생님은 아이 교육에 대한 계획이나 개념이 부족했던 우리에게 자녀 교육에 대한 구체적인 계획과 철학이 필요하다고 안내해 주셨다.

"아이들의 성장기 언어 사용이 그들의 미래 학업과 정체성 등에 영향을 많이 줄 수 있다고 합니다. 정규 교육, 초기 영어 중심 교육 또는 한국어 중심 교육 그리고 현지 언어 중심 교육을 결정함에 따라 아이들의 모국어 체계가 형성되고 정체성도 문화적 가치관의 형성도 달리되는 영향력을 고려해야 합니다."

이러한 관심과 정보를 얻은 우리 부부는 처음 해 보는 학부모 역할과 선교지의 제한된 환경 속에서 중요한 통찰력에 대하여 깊이 생각하는 기회를 가졌다.

영어가 고픈 대한민국 사람으로서 만약 자녀에게 영어 교육의 기회를 접어두고 한국어만 교육하는 방식을 선택하는 것은 우리 부부에게 적지 않은 고민을 하게 하는 도전이 되었다.

우리가 사역하는 나라에는 90년대 초기 입국한 서구 선교사들이 자신들의 자녀 교육을 위해 아이들의 부모들과 자원봉사자로 구성되어 시작한 '선교사 자녀 학교'가 있었다. 비록 소규모이지만 저렴하고 좋았다.

아이들이 자라 본국으로 가서 상위 과정 공부를 계속할 수 있도록 영어로 유치원과 초등학교 과정을 두고 있었다. 비서구권 선교사 자녀들도 함께 공부할 수 있도록 배려해 주어 우리 아이도 그곳에서 유치원 과정을 할 수 있었다. 큰아이가 어느 정도 영어에 익숙해졌고 친구들과 놀이도 자연스러운 시점에 초등학교 과정으로 들어가는 것은 자연스러운 일이었다.

하지만 우리 부부는 그 나이에 계속 영어를 사용하면 한국어를 잃어버리게 될 확률이 높고 정체성이 무국적인 아이가 될 수도 있다고 생각했다. 그래서 아이가 영어를 못해도 우선 한국인으로 자라게 하는 것이 선생님들을 통해서 우리에게 보여 주시는 하나님의 길이라는 확신을 갖게 되었다. 용감하게(?) 학교 등록을 하지 않았는데, 때마침 수원에 있는 중앙기독초등학교CCA와 MK-Nest가 협력하여 알바니아에 한글로 선교사 자녀 교육을 지원하는 사역을 시범적으로 론칭해 주셨다. 중앙기독초등학교에서 실력과 신실한 신앙을 가진 교사 선교사 가족을 보내 주어 방과 후 학교인 '한알학교'가 출범하였다.

'한알학교'를 통하여 영어와 현지 언어권에서 자라는 한국 MK들은 한글 교육을 받을 수 있게 되었고, 우리 아이들도 정규 과정은 아니었지만 선생님들의 배려로 아침부터 오후까지 교육을 받을 수 있었다.

그렇게 아이가 3학년이 될 때 즈음해서 백인숙 선생님은, 이제는 모국어 형성이 되었을 것 같아 향후 상급 과정 교육을 받으려면 영어 학교에 보내야 할 것 같다고 다시 조언해 주셨다. 미숙한 부모 역할을 하는 우리는 자녀 교육을 위한 또 한 번 중요한 시점에서 인도를 받게 되었고, 큰아이는 정규 선교사 자녀 학교에 3학년으로 편입하였다.

나중에 안 일이지만 큰아이는 공부를 너무 못했다. 한마디도 알아 들을 수 없는 수업을 따라가기가 사실 불가능했던 것이다. 하루는 엄마와 대화하다가 참았던 눈물이 터졌는지 통곡하는 딸아이가 너무 안 쓰럽고. 뭔가 잘못한 것 같은 죄책감이 들었다. 아니나 다를까? 담임 선생님에게서 만나자는 연락이 왔다.

큰아이의 담임은 캐나다 출신의 동료 선교사 부인이었고, 친분이 있어 불편한 마음 없이 만났는데 예상치도 못하게 부끄러울 정도로 우리 부부를 독촉하며 집에서 한글을 절대 사용하지 말아 달라고 요청하였다.

우리 부부의 교육 방식에 동료들로부터 걱정의 소리를 많이 들었지만 여기까지 잘해 왔는데 선교사인 담임 선생님마저 이렇게 지적을 하니 크게 실수를 한 것은 아닌지 두려웠다. 그렇게 어렵사리 큰아이는 조촐한 성적표를 받아 들고 한 학기를 마쳤다.

짧은 겨울 방학을 보내고 있던 중에 아내가 하혈을 계속하였다. 파송 교회에 기도 요청을 드리니 한국으로 일시 귀국해서 검진을 받으라고 권고해 주었다. 이렇게 잠시 들어오게 되었는데, 큰아이의 한국 방문 소식을 들은 담임 선생님은 엄청난 양의 숙제를 내주었고 이 숙제를 어떻게 도와주어야 하나 막막한 마음으로 서울로 향했다.

방배동에 있는 파송 교회는 우리를 위해 반지하 방을 하나 단기로 얻어 주었다. 그곳에 짐을 풀고 나니 교회에 출석하는 미국 유학파 자매를 보내서 큰아이의 영어 숙제를 도와 주었다. 병원 검사는 정상으로 나왔고, 아내의 하혈은 거짓말처럼 사라졌다.

큰아이는 5학년이 될 때까지 영어 수업을 힘들어하면서 중·하위권에서 헤매고 있었고, 우리는 부모로서 힘들어하는 자식의 공부를 도와주지 못하고 있었다. 그러나 우리 부부는 좋은 선생님들이 큰아이에게 찾아와 주었고 또 담임으로 배정되는 일을 경험했다. '중앙기독초등학교'의 선생님들은 공부 원리를 전수해 주었고, 가족같이 함께 놀아 주고 여행해 주고 밥을 해서 아이를 챙겨 주는 남다른 교육적 사랑을 나누어 주었다.

6학년 담임이던 '메이슨'Mason 선생님은 일흔 가까운 나이의 미국인으로 교사를 은퇴하고 봉사 차 선교지에 오신 분인데, 큰아이에게 격려와 용기의 말씀을 기억에 남을 정도로 많이 해 주었다.

그래서인지 큰아이는 6학년 이후부터 좋은 성적을 내기 시작했고,

학교생활에서도 농구 대표 선수로, 학생회 임원으로, 동생들에게 책 읽어 주는 선배로, 도서관 도우미로 활발하게 생활하였다.

선교사 자녀 학교가 중학교 과정 밖에 없어 고등학교 진학이 좌절 되었을 때에도 때마침 대안 학교나 홈스쿨 연합 모임이 서구 선교사 중심으로 시작되어 참가할 수 있었다. 선교사 자녀 학교가 고등학교 과정을 개설하고 현지 문교부에 인준을 받아 학력을 인정받게 되기 까지 여러 환경적 과도기를 겪었음에도 큰아이는 국내 대학에 수시 전형으로 진학할 수 있었다. 홀로 한국 대학 생활을 하면서 졸업까지 거의 모든 학기에 차석을 해내는 모습을 우리 부부는 기쁨으로 지켜 보았다.

그렇게 불안하고 실수 많고 걱정도 많이 들던 자녀 교육에 있어서 우리 부부는 대한민국 입시를 치르는 자녀를 둔 모든 부모가 부러워 하는 성공한 부모가 되었다.

하지만 그 여유와 자부심으로 가득했던 마음은 막내가 첫째와 다른 장점Excellency을 가진 것 때문에 또다시 불안해졌다. 어쩌면 큰아이 보다 훨씬 안정된 상황에서 자란 막내였기에 우리의 실망은 분노에 다다르기까지 하였다.

학업에 흥미를 잃은 아이에게 훈계도 위협도 조건을 제시하는 협 상도 아무 소용이 없었고, 과외 선생님도 붙여 주고 수련회도 보내 보고 별의별 시도를 다해 보아도 지구상에서 내가 할 수 있는 해결 방법을 찾을 수 없었다.

큰아이는 하나님의 은혜이고, 막내는 고난이라는 등식이 너무 쉽게 성립하는 상황이 매일 나의 현실이었다. 학교에 자주 불려 갔는데 큰아이 때는 영웅이 되어 나오고 막내의 경우에는 죄인이 되어 학교를 출입해야 하는 나의 처지로 마음이 무너졌다. 뭐, 큰 것을 바라는 것도 아니고 학교 잘 다녀 주고 졸업만 하면 좋을 텐데 말이다. 여기까지 마음을 양보했지만 그도 이루어지지 않았다.

"내가 저 아이를 끝까지 사랑할 수 있을까?"라는 의문마저 들었다. "하나님, 도와 주세요!"라는 나의 절규에 가까운 호소가 계속되었고, 주님은 "내가 그 아이를 사랑한다!"라고 감동을 주셨다. 나는 회개했다. "아! 주님의 자녀입니다."

많은 것에 대하여 나에게서 변화가 일어났고 다름에 대해 인정하는 폭도 넓어진 것 같다. 하지만 완벽하게 해결된 숙제는 아직 아니다. 어쩌면 부모의 자녀 양육은 죽는 순간까지 그럴 것 같다는 불안감이 엄습한다.

자녀 양육에는 나의 깨어짐이 우선 필요한 것 같다. 처음 해 보는 부모 역할에 실수가 많고, 나는 자녀 양육에 완벽하게 준비가 되어 있지도 않다. 아이가 기대에 못 미치는 것은 아이의 문제가 아니라 내

기대의 문제다. 죄책감은 어쩔 수 없이 찾아오는 마음의 불청객이지만 사실이 아니다. 매일 불안하고 해결책을 제시하고 싶지만 내려놓으며 고백한다.

"하나님이 필요합니다!"

막내로 인해서 마음에 큰 불편함과 불안과 부끄러움을 가지고 있었다. 너무 아쉬웠다. 마치 일등을 눈앞에서 놓친 기분이 든다. 이런 마음의 소용돌이를 가진 채 일 때문에 만난 몇 분의 예기치 않은 고백에 놀라운 위로를 얻게 되었다. 다른 부모들도 거의 비슷하게 혹은 더 어려운 터널을 지나고 있는 것이 위로가 되었으니 참으로 나의 처지가 난감하기만 하다.

2017년, 2019년 'MK-Nest'의 둥지 캠프 리더들은 막내를 스태프로 불러 주었다. 후배들을 위해 자신의 은사로 섬길 수 있는 기회를 얻게 된 아이는 많이 고무되고 감사했으며 자신감도 얻을 수 있었다. 그리고 삶의 대한 책임감도 갖게 되었다고 카톡 문자로 알려 왔다. 사실 우리 부부는 그 캠프에 참석한 막내의 결정에 더 놀라워했고, 우리 아이를 불러 준 캠프 리더들의 결정에 감동을 받았다.

선교사 자녀들의 성공 스토리는 너무 빈번하게 들리고, 어떤 경우에는 상대적으로 배부른 기도 제목 같은 것도 종종 보곤 한다.

선교사 자녀는 이래야 된다는 전제와 선입견이 아이들을 많이 주눅들게 하고 삐뚤어진 반응을 갖게도 한다고 하는데, 정확히 통계를 내보지는 못했지만 아주 많은 MK가 우리의 관심과 돌봄의 영역 밖에 있을 것이다. 아마 스스로 돌봄을 피하고 있을지도 모르겠다.

부모들의 복음에 대한 헌신 때문에 준비되지 않은 채 가까운 친구들과 익숙한 환경을 떠나게 되고 타문화에 노출되어 성장하는 MK들과 함께, 다른 이유로 타문화권에서 성장한 아이들을 제3 문화의 아이들$_{TCK}$이라고 최근에는 바꾸어 말하고 있다.

이들이 겪는 현실은 비참하기 때문에 관심을 가져야 한다고 호소하는 것이 아니다. 오히려 이들은 다양하고 창의적인 가능성을 가진 국제적인 사람이라고 할 수 있기 때문에 어떤 면에서는 이 아이들이 누린 그리고 누리고 있는 축복 중에 가장 특별한 다양성과 국제적인 삶의 경험을 높이 평가해 줄 필요가 있다. 아이러니하지만 아이들에게 가장 힘든 상황이 가장 큰 축복이 된 것이다.

지금도 전 세계에서 자라고 있는 이 가능성 큰 아이들을 하나님께서 양육하고 계심을 믿는다. 왜냐하면 부모로서 우리는 좌충우돌하며 시행착오와 불안정한 심리 상태 속에서 자녀를 양육했지만, 하나님은 MK-Nest와 같은 통찰력 있고 전문적인 돌봄을 주는 기관을 세우고 사용하시기 때문이다. 그리고 우리가 알지 못했던, 아이들에게 의미 있는 타인인생 선생님이 되어 주는 신실한 하나님의 사람들을 일으키고 사용하고 계시기 때문이다.

어느 선배께서 주신 격려가 떠오른다.

"자녀의 성공에 자랑도 말고, 실패에 낙심도 말아라. 우리의 자녀는 하나님께서 양육하신다."

자녀 교육에 어설픈 우리 부모는 아이들의 학업에 따라, 진로에 따라, 건강에 따라 들썩이지만 완전하고 성실하신 하나님께서는 우리의 자녀들을 책임지고 계신다. 더불어 처음 부모 역할을 하고 있는 어설픈 우리를 대신하고 우리를 조금 더 깊어지는 성장의 자리로 인도하신다.

병든 선교사와
치료자

오래 전 알바니아에서는 국제 선교 단체를 다년간 섬겼던 영국 출신의 강사가 이끄는, 현지인 사역자들을 위한 좋은 세미나가 있었다. 상담Counseling에 대한 주제로 강의를 한다고 했는데, 참석한 '게니스'[1] 목사가 이제 서구에서는 상담 사역보다는 "영혼 돌봄"Soul care 사역을 한다는 강사의 강의가 인상적이었다고 내게 전해 주었다. 흐뭇해하는 게니스 목사의 세미나 참가 후기를 들으며, '상담'과 '영혼 돌봄'을 비교해 보았다. 상담이 어떠한 상태와 어려움을 겪은 후에 시행하는 소극적인 사역이라면, 영혼 돌봄은 예방 차원에서 적극적인 개념의 돌봄Care을 주는 것이라고 간략히 정의할 수 있을 것 같다.

---

1 필자의 현지 교단 지도자인 알바니아 침례 교단의 사무총장으로 대학 때에 필자를 통하여 복음을 듣고 예수님을 만났다.

개념을 생각하면서 나와 아내를 반추反芻하여 보았고 아이들을 생각해 보았다. 선교 사역자마다 각기 환경과 경험이 다르겠지만 다른 문화에서 선교사라는 신분으로 살면서 우리가 병들고 있다는 두려움이 엄습한다.

새로운 환경에서 겪는 어색함과 그것을 극복하려고 몸부림치며 사람들과 주고받는 상처들, 때로는 무자비한 언어 폭력과 놀림들이 어떻게 나도 이들처럼 생길 수 없을까 고민한다. 그러면서 동화되려는 몸부림 가운데 불가능함과 장벽에 수많은 좌절을 경험하는 과정에서 우리는 병들 수 있다.

총과 폭탄, 도둑과 강도와 납치의 위험이 찾아왔던 때에 담담했던 우리는 이제 그런 것들이 또 재현될까 불안해한다. 그러면서 긍정적으로는 위기의식이 높아졌으나 긴장감에 피곤하고 죽음과 이별을 생각하며 사는 것도 감정적·정서적으로 점차 지치게 한다.

위험한 순간들은 금새 지나갔고 이제는 다른 세상이 되었다. 새로 오가는 사람들에게는 아득한 옛날 일이고, 오래된 선교사들이나 알고 경험한 전설 같은 그때 그 사건들과 경험을 자주 언급하는 것은 꼰대 소리 듣기에 아주 좋은 대화의 주제가 되었다. 우리가 지나온 거친 세월 속에 우리도 모르게 갖게 된 갖가지 위기의식과 실제적 지식knowhow은 더 이상 유용한 정보가 되지 않는 것 같다.

우리는 병들었나보다. 그래서 매사에 조심하고, 묻고, 절차를 중시한다. 확인하고 또 확인하는 버릇이 생겼고 순리에 따라 질서를 지키려고 한다. 그것이 합리적인 것보다 때로는 앞설 때도 많다.

언약규범 보다 형제에 대한 사랑과 믿음으로 모든 것이 용납되고 충동적인 결정 방법과 한국적(?)인 교제 방법이 나에게 어울리는 것이었다. 하지만 이제는 어색한 것이 되어 난처한 입장에 종종 빠진다,

우리는 병들었나 보다. 종종 우리의 대화는 거칠고 직설적으로 보인다. 한글의 아름다운 많은 표현을 잃어버리고 사는데, 그래서 우리의 언어에는 현지어와 영어가 종종 섞여 나오지만 그 단어의 뜻을 사람들이 이해하지 못할 것이라는 생각을 미처 하지 못한다.

우리의 대화는 과거 아픈 경험적 역사 속에서 이어져 오기에 설명이 길다. 그래서 선교사는 말 많은 사람들로 이해되고, 복음을 전하는 일에 많은 시간을 보내므로 우리의 설교는 복음적이나 장황한 면이 없지 않다. 그래서 대개 설교보다는 간증을 해 주는 것 이상의 기대를 받지 못한다.

우리는 일상의 대부분을 현지인과 보내고 저들의 삶의 유형과 조화를 이루려다가 우리만의 오락을 잊어간다. 또한 새로운 사람에 겁을 내고, 때로 너무 많은 사랑을 주어서 실패하고, 때로 너무 적게 표현해서 실패하고, 마음을 열면 부담스러워하는 사람들로 인해서 상

처받고, 그래서 적게 표현하니 냉정하다 해서 상처받으며 이러지도 저러지도 못하는 병든 사람이 되어 간다.

우리 자녀들은 한국의 좋은 것들을 보고 좋다고 여기는 일이 적다. 엄마 아빠는 과거에는 생각도 못할 맛난 음식을 대해도 맛있다고 하지 않는다. 그저 밀로 구운 빵에 버터와 고약한 냄새 가득한 두부 같은 조각 치즈와 튀긴 감자를 좋아하고 현지식 구운 '마블링' 없는 퍽퍽한 고기가 최고라고 한다.

한국의 웬만한 아이들에게 비행기 타는 것은 너무 좋은 일이지만 우리 아이들에게 그것은 이별과 새로운 환경의 어색함과 이주 같지 않은 이주를 의미한다. 그래서 싫어한다. 무엇보다도 사람들과 자주 만나고 헤어지기에 상처받고 사랑하는 법을 배우기 전에 이별하는 법을 배워야 한다.

선교비는 언제나 교회 행정의 최우선 동결 대상이 되고 어렵사리 허입되지만 매우 간략히 제명된다. 기도하겠다는 약속은 많이 듣지만 실제로는 알 수 없기에 선교사는 이렇게 저렇게 멍들고 구겨지고 깨어지며 병들어 간다.

소망이 없어 보이는 한 구석에서부터 작은 불빛이 비추어진다. 그 곳에서 영광의 찬미와 광채가 조금씩 더 그 빛을 더해 가고 있다. 선교사들은 언제나 외로운 사람이었나 보다. 그래서 주님을 더욱 사랑하는 사람들이며, 순례자들이 본향을 그리워하듯 언제나 본향을 더욱 사모할 수 밖에 없다.

그래서 찰스 스윈돌 목사님은 이렇게 말씀하셨나 보다.

"하나님께서 우리에게 최상을 주시는 때는 홀로 있는 고독한 때이다. 그러므로 그럴 때는 잠잠히 있어 그것을 받아들여야 한다. 지도자의 자리에 임명하시는 자는 히말라야 정상에 선 사람처럼 희박한 공기 속에서도 편안히 숨쉬는 법을 필수적으로 배워야 한다. 홀로 있어 하나님께서 주시는 생각을 받아들이는 자리에는 하나님의 위로와 확신이 내려오며 인간들의 평가는 초라하게 그 빛을 잃는다. 거기에는 두려움 대신 믿음이 자리잡고, 우리의 비전이 분명해진다."[2]

선교사가 선교사를 보며 감동하는 일이 쉽지 않지만 종종 마음에 큰 감동을 주는 선교사님들을 만난다. 의외로 그런 분이 많이 있는 것은 너무도 복된 일이다. 그분들의 이야기를 듣고 그 삶을 볼 때 선교사가 가장 큰 격려를 얻는 것은 지치고 상한 긴 순례 여정에 함께 이 길을 걷는 분들이 있음을 발견하기 때문이다.

---

2   찰스 R. 스윈돌, 황명희 역, 『그리스도를 닮기 위한 영감의 사색(The Quest for Character)』, 예향, 2002.

그분들의 고상한 삶과 원만함을 보며 그 성숙함에 나아갈 뜻을 세울 용기를 얻는다. 고통 가운데에서 하나님이 발견되는 사람들의 아름다움에 안도를 발견한다.

세상 속에서 매일 당하는 이 모든 것들로 인하여 병들었다면 우리의 영혼을 돌보아 주시는 그분은 소극적으로 결과에 대하여 상담과 위로를 주시는 것에 더하여 적극적으로 항상 우리의 몸과 영혼을 돌보고 계신다. 그분은 우리의 진정한 치료자이시다!

상처 입고 병든 선교사를 안으시는 예수님의 인자하심이 언제나 저들을 감싸고 있음에 위로를 받는다. 이제 완벽한 치유와 돌봄을 주시는 그분을 위하여 위대한 병에 감염되자! 거룩한 몸살을 앓는 것을 두려워하지 말고 맞닥트리자.

내가 이미 얻었다 함도 아니요 온전히 이루었다 함도 아니라 오직 내가 그리스도 예수께 잡힌 바 된 그것을 잡으려고 달려가노라 _ 빌 3:12

고통과 기쁨의
경계

　밀레니엄의 시대가 열리던 2000년 여름, 참가한 선교 대회의 '실패'에 대한 주제 강의와 퍼포먼스가 기억에서 지워지지 않는다. 늘 성공과 좋은 모습을 경쟁적으로 보여 주기 위해 달리던 나에게는 잠시 충격이었기 때문이다. 외적이며 세속적인 성공이 축복의 증거가 된다는 허영심에 빠져 있던 내 삶의 스타일에 큰 변화의 계기가 되기도 했던 시간이다.

　하얀 A4 용지는 마구 구겨지고 두 손에서 비벼지면서 쓸모 없게 변해 간다. 빳빳하고 깔끔하던 종이는 어느새 주름지고 찢어져 더 이상 출력할 수 없게 되었고 불필요한 소모로 여겨진다. 이와 같은 퍼포먼스는 다른 면에서 교훈을 주었다.

　새 종이는 흔들 때 소음이 있다. "펄럭펄럭." 그것이 좋은 소리든 그렇지 않든 자신의 독특한 소리를 낸다. 그런데 구겨진 종이는 더 이상 소리를 내지 않는다. 여기서 뭉겨져서 주는 교훈이 발견된다. 구겨지고 망가지니 자신의 소리가 사라지고 무엇이든 수용할 수 있는 여백이 생긴 것이다. 심지어 '빈티지'Vintage, 오래되어도 가치 있는 것한 느낌까지 주어 편안함마저 느끼게 된다.

삶을 살다 보니 실수가 잦다. 실수는 부끄러운 것이기에 가려져야 하고 부정해야 사람들로부터 신뢰를 지속하여 얻을 수 있다. 그래서 겉 사람과 속사람을 가능한 데로 다르게 포장하려는 유혹을 이기기가 쉽지 않다.

알바니아 사람들에게는 공산주의를 지나면서 자신의 실수를 가능하면 끝까지 변명하고 해명하면서 합리화시키는 습관이 있다. 간혹 진실된 나눔을 갖다 보면, "왜 그러냐?"고 하는 나의 질문에 어떤 사람들은 책임징벌을 멀리하기 위한 생존의 한 습관이라고 나름 정직하게 고백한다.

자신의 정직한 참모습이 아닌 삶을 지속하면 표정이 무거워지고 진실되지 않은 가면을 쓰게 된다. 그 가면은 점점 자신의 본모습인 양 자연스러워지게 된다. 본래 모습에 대한 기억마저 희미해지는 정체성의 혼란을 가중시키다가 멈추는 것이 두려워지고 오히려 불편하게 된다. 마치 하얀 백지의 빳빳함이 구겨지지 않기 위해 버티는 것과 같은 불안하고 긴장된, 탱탱한 모습이 지속되는 것이다.

사람들은 갖가지 고난을 겪는다. 고난은 경중을 셈하기가 어렵고 사람에 따라 그 정도가 달라도 각 개인에게는 고통이다. 때로 너의 고통은 나의 것과 비교가 안 된다고 판단할 수 있겠지만 고난이란 각 개인의 삶의 무게만큼 각자에게 무거운 짐이고 어두운 터널이다. 그렇기에 그 무게가 비교 대상이 될 수 없다. 모든 사람의 고난은 경중을 따질 것이 아니라 공감해야 할 영역이기 때문이다.

1996년, 우리 가족에게 다가온 시련에 대하여 큰 관심과 위로를 나누었던 분들에게 보낸 서신 한 부분을 아래에 옮긴다.

대은이가 태어난 후, 저희 가족은 큰 기쁨과 위로 속에 있었습니다. 또한 사역도, 삶도 풍성해서 그 많은 사건을 일일이 알리기에는 지면이 부족할 정도였습니다. 저는 오늘도 아들 대은이에 관한 소식을 전하고자 합니다.
이제 11개월 되었고, 이번 5월은 첫돌을 맞는 기쁨의 달이었는데 …. 그토록 우리 모두에게 기쁨을 주었던 대은이는 지난 4월 8일 아침, 하나님께로 갔습니다. 이 소식을 여러분들께 전하면서 다시금 저의 가슴이 저려옵니다.
저희 가족은 이 사건을 이해하기에는 너무 연약하고 한계를 느낍니다.
우리에게 천사와 같았던 대은이는 이 땅 양지 바른 곳에 눕혀졌고, 이 땅에서 복음의 첫 씨앗이 되었음을 믿습니다.

저의 무너지는 마음은 아내가 받는 고통에 비교할 수가 없습니다. 아내는 지금도 허전한 자신의 가슴을 메워 보려고 안간힘을 쓰고 있지만, 제가 돕기에는 많은 한계를 느낍니다.

우리는 대은이가 죽기 전날 함께 부활절 예배를 드렸고, 부활 절기의 첫날 아들을 잃었습니다. 그렇기에 그 부활의 주님께서 우리에게 큰 위로가 되었고 지금도 생생하게 말씀해 주시고 있습니다.

지금은 너희가 근심하나 내가 다시 너희를 보리니 너희 마음이 기쁠 것이요 너희 기쁨을 빼앗을 자가 없으리라 그날에는 너희가 아무 것도 내게 묻지 아니하리라 … _ 요 16:22-23

위의 말씀은 얼마 전 아내가 듣게 된 주님의 위로 메시지였습니다. 지금 저희 가족은 점점 평안을 되찾고 있습니다. 그리고 우리 주님의 희생적인 사랑과 그 의미를 조금은 더 이해할 수 있게 되었으며, 더불어 이 나라 사람들의 가난, 상처와 아픔도 점점 더 많이 이해해 가고 있습니다.

1996년 5월 티라나에서

이 사건이 있은 지 한참의 시간을 보낸 후 나를 돌아보았다. 많은 분의 격려와 위로가 있었음에도 구겨진 종이처럼 망가져 보기 흉하고 쓸모 없이 보였을 그 자리, 그 시간을 지나며 마음이 녹아졌다. 내면의 기운이 사라져 엎드려지던 그 시간, 간혹 공감을 갖지 못하는 사람들의 언어 사용에서, 나눔을 주는 사람들의 나눔이 도리어 상처로 전해지는 일도 있었다. 지나 보니, 감정의 면역력이 약해져 있었기에 그런 상황은 나를 자연스럽게 홀로 있게 만들었고, 외롭고 고립됨을 느끼게 했었다. 그 고통스러운 시간, 외로움은 그 깊이를 넘어서 고독의 심해 속으로 이끌어 생각하지 못했던 성장이라는 나의 인생에 또 하나의 기적이 일어났다!

'고난'의 반대말은 '성장'이라고 하고 싶다. 적어도 나는 고통의 시간 속에서 이와 같은 통찰을 얻었다.

☐ 고통은 조금 더 깊어지고, 넓어지고, 다양한 관점에서 세상과 환경을 바라볼 수 있는 힘을 주었다.
☐ 마음과 감정의 근육이 단단해지는 시간이 되었으며, 심해에서 만나 주시는 하나님에 대한 특별한 경험은 진지한 예배자로 살 수 있는 용기와 믿음이 조금 더 생기는 계기를 마련해 주었다.

고난이 있어 다행이다!
나의 소리가 잦아들고 그분의 뜻이 드러난다.

고난이 있어 다행이다!
나의 가식이 가미된 외형과 거품이 잦아들고

상처 입은 그리스도가 발견된다.

고난이 있어 다행이다!
배우기를 더디하는 내가 성장의 동력을 얻는다.

고난이 있어 다행이다!
주님의 십자가 의미를 조금 더 이해하고
십자가를 지고 있는 사람들이 보이기 시작한다.

고난이 있어 다행이다!
나로 살아 있음을 깨닫게 해 주기 때문이다.

고통과 기쁨은 전혀 다른 편의 단어임에도 하나님 나라에서는 역설적이게도 고통은 기쁨으로 가는 지름길이 된다. 고통에서 기쁨의 참 의미가 발견되기 때문이다.

"즐거워하는 자들과 함께 즐거워하고 우는 자들과 함께 울라(롬 12:15)."는 성경의 교훈은 우리의 선교적인 삶이 항상 완벽하게 행복하거나, 완벽하게 안전하거나, 완벽하게 갖추어지지 않는다는 점을 상기시킨다. 그러면서도 이 삶의 여정에 완벽하게 주어지는 소망으로 인한 기쁨의 미소를 지으며 공감하고 더불어 살아갈 수 있도록 고통과 기쁨의 경계를 믿음으로 넘나들게 한다.

2장

다르게 생각하며
사는 방식

From Mission to Missional Life

　선교사 훈련에서 다루어지는 커리큘럼 중 일반 교육과 다른 점이 있다면 나를 이해하고 다른 것에 대한 이해를 갖도록 하는 것이다.

　선교에 있어서 다름Different에 대한 이해가 없이 나의 것을 주장하는 것은 제국주의적 선교 방식이라는 오류를 갖게 하는 요인이 될 수 있다. 그러므로 내가 살던 문화와 몸에 밴 문화와 복음Good News 의 핵심이 제대로 구별되고 전달되지 않는다면 큰 오해와 오류를 불러올 수도 있다. 그리고 본의 아니게 복음을 전하다가 문화적 오염을 시킬 수 있게 될 것이다. 따라서 선교사 훈련에서는 문화인류학과 상황화에 대한 훈련이 높은 비중을 차지하게 된다.

　훈련 가운데에는 실기적인 영역이 있다. 매일 관찰 일기를 쓰고 발표하는 것이다. 매일 일상을 살면서 관찰을 잘하는 습관이 들게 하면서 또한 이를 통해서 성경적 가치관으로 해석하고 대면 방식을 연구해 보고 적용해 보는 훈련이다.

우리가 공유하고 있는 단어 '하나님'은 세계 여러 나라에서 얼마나 많이 다른 단어로 사용되는지를 연상해 보자. 하나님의 의미에 얼마나 각기 다른 문화와 전통과 언어적인 요소가 가미되어 사용되고 있을까?

그들의 언어로 하나님은 우리가 믿는 그 하나님이 아닐 수도 있기 때문에 선교사는 단어에 포함된 세계관과 전통적, 언어학적 의미를 고려해서 사용해야 한다. 그래야 저들의 내면에 그 위대한 이름이 제대로 전달되고 이해될 것이다.

알바니아어는 '하나님'을 '패런디'$_{Perëndi}$라고 한다. 이는 가톨릭, 정교, 이슬람에서 모두 사용하는 단어다. 역시 '주님'을 '죠띠'$_{Zoti}$라고 하는데 어감이 한국어의 속어 같아 문화적인 거부감을 느껴서 나는 오랫동안 이 단어를 사용하지 못했다.

미로의 한가운데를 걸을 때에는 모든 것이 부분적으로만 이해되어 길을 찾기가 어렵다. 하지만 상승하여 미로를 보게 될 때 비로소 출구로 향하는 길을 알게 되듯이 우리는 다차원적인 방식으로 생각하고 다른 것이 과연 죄가 되는지 문화적인 차이인지 분별하는 지혜가 필요하다.

협소하고 획일적인 생각은 균형을 잃게 하고, 주장이라는 것을 하게 된다. 그 주장에 대하여 성찰하는 여유와 나와 다른 말과 생각을 하고 있는 사람들의 세계관을 이해할 수 있다면, 복음은 저들의 언어로 전달될 수 있는 기회를 얻게 된다. 또한 서로 다른 면들은 상호 세워 주는 요긴한 개성이 될 수 있다. 선교는 협업과 협력으로 이루어지는 하모니로 가득한 합창이며 오케스트라일 때 더욱 성경적이 된다. 어쩌면 선교는 독선적으로는 할 수 없도록 처음부터 디자인된 것은 아닐까?

건강한 선교사로 살기
- 관리(Exercise) -

어느 분야든지 '베테랑'들은 자신의 전문성을 항상 개발하고 발전시키는 것을 멈추지 않으면서도 확신보다는 조심성을 갖는 특징이 있다. 그들의 존재는 평시 드러나지 않지만 위기가 발생하면 그 능력의 가치가 드러나게 된다.

불어인 '베테랑'이란 라틴어 '베테라누스'Veteranus 에서 나온 말로 사전적으로는 "어느 한 분야에서 오랜 시간 일을 하여 노력하고 숙련된 사람, 특히 군대에서 오래 복무한 '퇴역 병'이나 전쟁 참전 경험이 있는 사람"을 의미한다.

이 용어를 선교사들에게도 종종 사용하는데, 사전적 의미만 살펴보아도 누구에게나 베테랑이라는 용어가 쓰이지는 않는다는 것을 알 수 있다.

오래되고, 노력하여 능숙한 사람, 특히 군대에서 자주 사용한다는 의미를 고려할 때 위험한_{위기} 상황을 다수 경험한 조건이 있을 것이다.

최근 한국 사회는 '꼰대'라는 단어가 나이 들고, 고집스럽고, 자기 자랑을 하는 사람들에 대하여 존중하지 않는 부정적인 의미로 사용되고 있다. 이러한 유행어는 경력이 쌓이고 연차가 더해 간다고 누구나 자동적으로 사회적으로 존중받지 못한다는 냉혹한 현실을 직시하게 해 주기도 한다.

선교사 연차가 더해 가는 나는 이 순간 "베테랑의 순기능으로 계속 세계 선교에 기여하는 사람이 될 것인지? 꼰대가 되어 불편한 사람이 될 것인지?" 자문해 본다.

2019년 말, 나는 'SYIS' Sharpening Your Interpersonal Skills 워크숍에 참가하는 특권을 얻었다. 워크숍을 관리하는 교육 책임자는 이번 워크숍의 첫째 목적이 자신의 '성장'에 있다고 말했다. 일반적으로 교육 진행자가 하는 말이 아니어서 그 일성 一聲이 내게는 울림이었고, 가능한 워크숍이 진행되는 5일간 틈틈이 그분과 교제하며 '성장'에 대한 관심을 나누었다. 역시나 오랜 훈련자의 경험이 있음에도 진실한 나눔과 겸손함이 묻어 있는 그의 태도에서 안정감을 느낄 수 있었다. 그는 베테랑이었다.

‘선교 앞에서 겸손하고, 배우려는 자세’는 베테랑이 되는 기본 소양이다. 오랜 시간 선교지에서 취득한 경험에 더하여 지속적인 노력_{자기개발}으로 숙련되는 사역은 그의 삶과 더불어 좋은 향기를 주는 영향력이 된다.

전인적인 성장과 건강한 선교사로 살아가기 위해서 소소한 삶의 습관을 나열해 본다.

첫째, 두말할 것 없이 영적 관리_{운동}다.

선교사로 살다 보면 타국의 문화와 언어 생활 방식에 적응하며 전도에 집중하다가 성경에 느슨해지는 나를 발견한다. 매일 성경 읽기와 ‘경건의 시간’_{QT} 과 ‘큐티 나눔’, 개인 성경공부와 성경공부를 인도하는 일상을 갖도록 일정을 조정하고 집중하는 것이 기본적으로 필요하다. 기도하는 형식을 유지하는 것도 유익하다. 차분히 식사할 때 기도하고, 사람들과 만나는 과정에서, 특별히 동료들이나 현지인 사역자들과 만남을 가질 때, 마치면서 기도 제목을 나누고 기도를 부탁하며 서로 기도하는 습관_{Routine} 도 작지만 도움이 된다. 소소한 일상에서 경건의 연습을 지속하는 것이다.

둘째, 정서 관리_{운동}다.

선교지의 척박한 환경에서도 문명적으로 발전한 대도시에서도 우리는 하나님의 창조의 아름다움을 발견한다. 하늘을 보고 기상의 유

려한 변화에 관심을 가지고, 지나가다 길과 벽에 피어 있는 작은 야생
초에서도 하나님의 호흡을 느낀다. 커피숍 낡은 탁자와 이가 빠진 접
시에서, 매일 걷는 거리에서 비 오는 날 천정에 떨어지는 빗방울 소리
에서도, 또 가끔은 누군가의 '시'에서도 메말라 가는 정서를 소생시키
는 운동_{관리}을 할 수 있다.

셋째, 감정 관리_{운동}다.

나는 자주 운다. 눈물이 많다. 갱년기여서 그렇다고 하는 주변 분
들도 있지만 사실 나는 항상 눈물이 많다. 운동 경기를 보다가도, 드
라마나 영화를 보다가도, 심지어는 가요를 듣다가도 눈물을 흘린다.
성경과 일반 서적을 읽으면서도 동화되는 감성이 충만한 나는 삶의
여러 영역을 지나며 눈물을 흘린다.

흘리는 눈물은 내가 좀 더 유연하고 촉촉한 마음을 가지고 사람들
과 사역을 대하게 한다. 신앙의 삶에서 내게 가장 필요한 하나님의 긍
휼을 이해하는 촉매제가 되는 것은 눈물이다.

넷째, 지적 관리_{운동}다.

오랜 선교지 생활은 확실히 빠르게 확장하는 지식을 담아내는 데
한계가 있다. 또한 선교사로 경력이 늘어날수록 경험과 현장의 삶의
세계에 갇히게 되기도 한다. 지적 환기_{Refreshment}가 절대적으로 필요하
다. 성장하기 위해서다. 건강한 선교사로 살며 건강한 선교의 내용을

나누기 위해서다. 무엇보다 하나님을 영화롭게 하기 위해서다.

다행스럽게도 나의 선교 공동체는 미약하게나마 나의 성장을 위해 다양한 기회를 격려하여 주었다. 내가 사역하면서 얻은 경험을 이론과 대비하여 정리하고 연구할 수 있도록, 학위 과정을 사역과 병행할 수 있도록 배려해 주었다. 이러한 공식적인 교육 외에도 비형식적인 교육에 계속 참여한 것이 큰 도움이 되었다. 비형식적인 교육은 다양한 주제의 독서 모임과 세미나, 포럼, 소그룹 참여 등이다.

그런 기회조차 없는 곳에서는 정기적으로 지역 연구를 함으로 지적 관리를 지속할 수도 있는 것 같다. 나의 경우, 현지 정부가 바뀔 때마다 개항을 업데이트하는 방식으로 현지에서 발표되는 자료들을 읽고 번역하고 정리하여 인터넷에 게시하였다. 이것을 읽거나 관심 있는 사람은 없었지만 개인의 연구 능력을 지속시키는 데 도움이 되었다.

마지막으로 다섯째, 육체 관리_{운동}다.

나는 태권도 선수 출신이다. 어려서는 메달을 따기 위해서 무지막지하게 운동하였다. 대단한 성공을 거두지는 못했지만, 나의 삶에 좋은 패턴을 주는 유익을 얻은 것은 분명하다. 신체 운동만큼 정직한 것은 없다. 운동은 몸의 여러 기능을 향상시켜 주어 심리적으로도 적극적이고 긍정적인 사고를 얻게 해 준다.

일주일에 정기적으로 신체 운동하는 습관을 갖는 것은 건강한 선교사로 사는 데 소소하면서도 요긴한 삶의 방식이다.

남성이든 여성이든 나이가 들어가면서 가장 빠르게 사라지는 것이 근육이다. 보통 신체 부실의 대부분은 근육이 부족해서 일어난다. 나이가 들수록, 특히 하체 근육을 유지하거나 증가시키는 운동이 필요하다.

나 역시 어려서부터 지금까지 계속 운동을 해 왔음에도 운동하기가 쉽지 않다. 그래서 찾은 방법이 신체적으로도 정서적으로도 가정적으로도 유익한 운동으로 가능한 자주 등산하려고 한다. 등산이 힘들면 일주일에 3번 정도는 3-5킬로미터 정도 달리기를 하기 위해 노력한다.

달리기는 홀로 하는 운동이지만 뛰면서 하나님을 만나는 보너스를 얻는다. 달릴 때 콧가를 스치는 바람에도 감동을 얻고 길가에 핀 나무와 풀과 꽃들을 보며 창조주를 떠올린다. 숨이 차오르면 육신의 한계에 겸손해지고, 점차 달리기에 적응해 가면서 찬양과 기도를 할 수 있도록 감동을 누린다.

등산은 동료들을 만날 수 있는 좋은 기회다. 수다도 떨고 간식도 나누어 먹는다. 한창 등산에 집중하다 한계가 다가오면 동료들과 떨어져 혼자만의 산행 시간이 부여되는데, 그때는 나를 돌아보거나 자녀들을 생각하며 성찰하고 의도하지 않게 눈물로 기도 시간을 갖게 된다. 나의 어린 시절, 기도원의 기도 굴에서 하나님과 깊은 만남을 가졌던 경험을 산행 중에도 경험하면서 간혹 할 수 있는 산행도 육체 단련과 함께 영적 성장의 장이 된다.

세상에서 말하지 않는 죄는 교만이라고 한다. 사람들이 굳이 말하지 않는 교만의 죄를 민감하게 다루는 방법은 겸손이다. 모든 관계와 문제를 외적 영향이라고 생각하고 자신을 성찰하지 않으면, 그것이 교만이고 패망이라고 성경은 경고한다.

그리스도의 이름으로 모든 것을 다하고 버림을 당하지 않기 위해서 좋은 영향력을 주는 베테랑이 되고 싶다. 그것은 자신의 죄에 민감하게 반응하고 항상 돌이키는 진정한 의미의 그리스도인이 지닌 겸손의 삶과 모습일 것이다.

경건의 연습을 다른 말로 관리_{운동}라고 할 때, 선교사의 삶과 사역에서 일생 동안 항상 쉬지 말고 해야 할 운동_{Exercise} 영역은 의외로 소소하다.

☐ 성경과 신문을 함께 본다.
☐ 기도와 달리기를 함께 한다.
☐ 예배는 정한 시간과 삶 속에서 자연과 사람과 커피 한 잔을 들고서도 드

릴 수 있다.

□ 삶의 모든 중심에 그리스도의 사랑이 충만하도록 한다.

그러면 육체의 성장은 멈추어도 성숙은 계속될 것이다. 나날이 하나님이 계신 것에 대한 감사의 깊이가 더해질 것이다.

관대함과
완고함

오직 오늘이라 일컫는 동안에 매일 피차 권면하여 너희 중에 누구든지 죄
의 유혹으로 완고하게 되지 않도록 하라 우리가 시작할 때에 확신한 것을
끝까지 견고히 잡고 있으면 그리스도와 함께 참여한 자가 되리라 성경에
일렀으되 오늘 너희가 그의 음성을 듣거든 격노하시게 하던 것 같이 너희
마음을 완고하게 하지 말라 하였으니 _ 히 3:13-15

1월과 3월이 되면 아이들의 생일을 기억하며 어떡하든 생일 밥상
이라도 챙겨 주려고 한다. 하지만 올해는 한국에서 독립하여 살고 있
는 아이들과의 물리적인 거리에 밀려 그저 '카톡'으로 축하해 주면서
아이들의 나이를 가늠해 본다. 그리고 잠시 멈칫하며 나의 나이를 셈
하여 보았다. 마음과 얼굴 그리고 삶의 패턴은 예전과 그리 다르지 않
은 것 같은데 흘려보낸 세월의 힘에 달라지는 나를 바라보았다.

초고령 사회에 진입한 우리 사회의 변화는 선교 공동체에도 여지없이 큰 변화를 주고 있다. 최근 선교지에서 20대, 30대를 찾아보기 힘들 정도로 청년들이 줄어들고 장년들은 빠르게 증가하고 있다. 이는 선교지에 있는 한인 선교사들의 평균 나이가 계속 올라가고 있는 원인이기도 하다.[1]

내 나이를 셈하여 보면서 최근 한국 사회에서 자주 오르내리고 있는 단어 '꼰대'[2]라는 말을 곱씹어 보았다. 나이든 사람들의 덕스럽지 못한 행동을 '꼰대질한다'라고 비유하며 혐오하는 젊은이들에게 혹시 나는 꼰대가 되어 가고 있지 않은지?

지금 사용하는 '꼰대'는 나이든 사람들 전부를 싸잡아 말하기보다는 '꼰대질'이라는 구태의연한 사고방식을 의미하는 단어일 것이다.

성경에서 '완고'라는 비슷한 말이 있고 '완고함'은 죄로부터, 유혹으로부터 나온다고 했다.

---

1 한국선교연구원(KRIM)이 2009년 중반에 발표한 2008년 말 통계자료에 의하면 개신교 선교사는 20대 6%, 30대 26.9%, 40대 42.7%, 50대 19.4%, 60대 4.9%의 연령 분포를 보이고 있다. 2년마다 한 번씩 선교 현황을 분석 조사하고 있는 한국선교연구원의 최근 자료를 바탕으로 한 것이다.
2 '꼰대' 또는 '꼰데'는 본래 아버지나 교사 등 나이 많은 남자를 가리켜 학생이나 청소년들이 쓰던 은어였으나, 근래에는 자기의 구태의연한 사고방식을 타인에게 강요하는 이른바 꼰대질하는 직장 상사나 나이 많은 사람을 가리키는 말로 의미가 변형된 속어다(위키백과).

완고한 사람을 나 개인적으로도 선호하지 않으면서도 나의 다른 사람을 대하는 태도는 표준이라는 잣대, 선교사라는 잣대, 인격이라는 잣대, 예의라는 잣대, 경험이라는 잣대 등 무수히 많은 잣대를 들고 사람들을 재고 판단하지 않았다고 확신 있게 말할 수 없다. 이런 나에 대하여 사람들은 완고한 사람으로 여길 수 있을 것이고 그런 모순된 모습이 내 안에 있을 수도 있을 것이다.

나이 20대 후반에 나를 만난 사람들에게 나는 젊고 패기 있는 선교사이고, 30대 후반에서 50대 중반인 오늘까지 만난 사람들에게 나는 목회자로 또 오래된 선교사로 인식되어 있을 것이다. 사람들과 만난 시기에 따라서 나에 대한 이미지와 기대가 다른 것은 만남을 통해 얻은 경험이 각각 다르기 때문일 것이다.

내가 어려서는 실수해도 부끄럽지 않고, 또 생각의 영역이 제한적이어서 사물을 왜곡되게 보면서도 잘 이해하지 못했다. 그러나 해외 선교사가 되기 위해서 문화인류학이나 타문화에 대한 교육을 받았고, 여러 해 동안 다양한 문화권에서 다양한 문화와 세계관을 지닌 사람들과 살고 있는 덕분에 세상을 보는 일에 대하여 일반인에 비해 폭넓은 균형을 갖추어 가는 것은 축복이다.

그럼에도 불구하고 세상을 보는 관점에 대하여 균형을 갖는 것과 그것을 이해하고 인식하여 삶으로 드러나도록 하는 것에는 차이가 있을 수 있다.

생각과 말과 행동이 일치된 균형 잡힌 삶에 대하여 이해하고 아는 것과 삶 가운데 드러나는 지점 사이에서 나는 과연 어느 지점에 더 가까이 서 있는 것일까?

"나는 완고한 사람인가? 관대한 사람인가?"

사람들이 나에게 갖는 기대와 별개로 나는 관대하신 하나님, 관대하신 예수님을 닮고 싶다. 바쁜 사역의 와중에 모여 시끄럽게 하는 어린이를 안으시던 관대하신 예수님, 죽을 우리 죄를 보지 않으시고 독생자를 보내 주신 하나님의 관대함을, 돌로 쳐 죽이려는 성난 군중의 부당한 분노를 용서하던 '스데반' 집사님의 관대함을, '양키'라 놀리고 귀신이라 놀리고, 풍토병에 죽고 병들고 미개한 조선인에게 고소되고 오해받아도 끊임없이 사랑이라는 이름으로 선교 일을 지속하던, 우리에게 와 주셨던 외국 선교사님들의 관대함을, 수십년을 기도하고 후원하여도 사역 열매가 변변하지 않은 선교사를 지켜보아 주는 교회들의 관대함을, 더 나아가 선교지에서 살아 주는 그 자체를 귀하게 여겨 주고 기쁨으로 모든 희생을 감수하는 성도들의 관대함을 나는 가지고 싶다.

나를 만난 사람들이 만난 시기에 따라 나를 향한 기대가 여러가지로 다를 수 있다 해도, 이제는 관대한 주님의 사람이 되어, 약함을 고

치고, 허물을 덮어 주며, 다른 점을 인정하고, 축복하는 관대함이 내게 있기를 간절히 소원한다!

태도(Attitude)로 증명하다
- 바르게 삐뚤어지기 -

선교사들의 가장 아름다운 덕목은 사랑과 친절 그리고 긍휼 가득한 마음일 것이다. 사람들이 요청하지 않아도 그들의 필요가 너무 잘 보이는 천리안같은 눈과 마음을 가진 사람들이기 때문이다.

한 번은 아프리카에서 사역하는 어떤 선교사님의 소개 영상을 보았다. 선교사님이 사는 마을 사람들은 선교사님이 길을 걸을 때면 여기저기서 이름을 부르며 인사를 한다고 한다. 사람들은 인사하는데, 선교사님은 그들의 구체적인 필요를 통감하게 된다고 고백하는 영상 속 이야기에 유사한 경험을 종종하는 나는 깊이 공감하였다.

그렇게 느껴지는 그들의 필요를 주님 앞에 고하면 하나님께서는 항상 신기한 방법으로 그것들을 채워 주셨고 이러한 이야기가 하나씩 쌓여 가는 것이 선교사의 삶을 살면서 누리는 축복이기도 하다.

'쉬프레사교회'[1] 개척 초기, 우리는 종교적 탄압이 있을 것에 대비해서 지하교회처럼 문을 닫고 예배를 드렸다. 섭씨 40도 이상 상승하는 알바니아의 한여름 주일 예배 시간은 잦은 정전으로 그나마 환기를 돕는 저렴한 중국산 선풍기가 작동하지 않아 실내 온도가 급상승하고 답답해지고는 했다.

한 번은 온 가족이 신실하게 교회 출석을 하던 '불리야'현지인 성도 아주머니가 더위에 쓰러지는 일이 생겼다. 당시 50여 명이 모여 예배를 드리고 있었는데 뒤에서 물을 뿌리고 부채질을 하면서 한바탕 소동이 일어난 후 다행이 아주머니가 깨어났다. 하지만 그날 예배를 마친 후에 나는 어린아이처럼 하나님께 울부짖으며 정전이 잦은 이 땅에서 최소한의 환경을 가지고 예배드릴 수 있도록 발전기 한 대만 달라고 기도하기 시작했다.

놀랍게도 다음 날, 수년간 소식을 알 수 없었던 후배로부터 편지 한 통을 받았다. 편지 소인으로 봐서 2주 전에 미국 시카고에서 발송된 편지였다. 편지지에는 가족사진과 함께 우리 가족을 위해 기도하던 중에 감동이 있어서 재정을 조금 보내게 되었다고 쓰여 있었다. 그 재정은 문제가 지속되는 차를 다른 중고차로 바꾸기 위해 아르바이트

---

1 알바니아 GMP팀에서 1995년 수도 티라나에 개척한 두 번째 현지인 교회다. 1997년 6월 이후, 필자가 전임으로 사역하고 있는 알바니아 침례 교단과 복음주의 형제단 소속 교회다.

로 모아 둔 것이라는 미국 유학 생활 소식과 더불어 500달러짜리 체크Bank Check가 동봉되어 있었다.

우리는 즉시 발전기를 구입했다. 교회는 전기가 없는 날이 있는 날보다 많던 그 시절, 주일마다 발전기의 힘을 빌어 선풍기와 조명을 비추며 쾌적하고 밝은 환경에서 예배드릴 수 있었다.

그 후 헌금을 보내 준 후배는 중고차를 구하는 과정에서 딜러가 실수로 더 좋은 차를 싸게 구할 수 있게 해 주었다며 놀라우신 하나님을 간증하는 소식을 보내왔다. 이 소식은 우리 부부의 짠한 마음에 적지 않은 위로와 기쁨을 주었다.

하지만 삶이 이렇게 삼십 년 가까이 하나님의 공급하심을 얻고 그 역사하심을 경험하면서도 감사와 겸손이 넘치는 삶으로 성숙하지 못하고 하나님의 도우심을 삶의 루틴Routine처럼 당연시 여기고, 왜곡해서 무감각해지는 부분도 발견하게 되었다.

"약하고 넘어지기 쉬운 나의 본성을 각성하면서 자칫 과도하게 사람들의 필요한 일에 아는 척 하지는 않았을까? 불필요하게 사람들의 삶의 과정을 도와야 한다는 명분을 내세워 개입하는 것이 하나님의 일하심에 방해 요인은 되지 않았을까?" 자문해 본다.

또한 나의 인간적인 개입이 그 동기의 좋고 나쁨을 떠나서 항상 옳은 결과를 얻지도 않음을 발견한다.

나는 하나님께서 사람들의 인생에 당신의 경륜을 이루시기 위한 계획을 가지고 계신다고 믿는다. 그것이 사람들이 선호하는 방식일 수도 있고 반대로 전혀 기대하거나 원하지 않는 아픈 방식일 수도 있다. 다만 나의 오지랖이 그 하나님의 경륜을 이루시는 계획에 방해 요인이 되지는 않을까 하는 두려운 마음을 갖는 것으로 나를 좀 더 차분하게 성찰하고 진중하고자 한다. 이는 생명을 살리고 세워 온전하게 하는 그분의 요긴한 도구가 되고자 함이다.

복음은 전해야 하는 주님의 명령이고 수행하는 나는 대상의 세계관이나 문화 또는 그들의 언어_{언어적·비언어적}에 대해 고려해야 할 전략과 더불어 배려와 사랑과 긍휼의 빚진 자의 마음이 동기화되어야 한다. 하지만 종종 수신자 입장보다는 일단 선포해야 한다는 대의명분이 앞서서 서두르고 무례한 면이 있을 수 있었다.

복음을 전하기 위해 친구를 만드는 과정에서 또 일상에서 성도와 동료들 간의 관계에서조차 친절하게 보이고 도움을 주는 모양새를 갖추는 것이 기독교인 덕목의 기준_{Standard}으로 여겨지도록 내게 각인되어 있음을 부인할 수 없다.

형식적이고 진정성이 부족해도 일단 친절한 뭔가를 해야 하는 것이 기독교인의 품행이라는 조바심 때문에 행동한 후 안도_{만족}한다. 이러한 행동의 배경에는 삶의 여러 현상에 대하여 빠르게 정의하는 패턴이 숨겨져 있고, 그 결론에 대한 적절한 답이라는 것을 항상 찾아 해결하려고 하는 _{해결해 주려는} 가볍기 그지없는 착한 척이 존재해 있다.

예전에는 이러한 태도를 '가식'이라며 회개해야 한다고 했다, 최근 젊은 사람들은 '하나님 코스프레'라며 기독교인들을 비아냥댄다. 어쩌면 우리는 서로 이렇게 불평하면서 스스로 그 내부자로 무감각하게 살고 있지는 않은지 모르겠다.

나는 어쩌면 '착한 척 병' 신드롬을 앓고 있었는지 모른다 _{착한 것과 착한 척은 내용적으로 차이가 있다는 전제}. 성경에서 말하는 나눔과 선한 일 _{마 5:16} 에 대하여 진정성_{Authenticity} 없는 기독교인의 형식으로만 채워지고 의무감을 갖게 될 때 선한 일의 영향력은 상실되고 자기 의와 고단함과 원망과 시비만 남게 되는 경험은 너무도 쓰라린 아픔을 준다.

> 이같이 너희 빛이 사람 앞에 비치게 하여 그들로 너희 착한 행실을 보고 하늘에 계신 너희 아버지께 영광을 돌리게 하라 _ 마 5:16

착한 행실이란?

사람들과의 관계 속에서 예수님 성품의 향기가 묻어 있는 인격과 진심 가운데 절제된 예의와 그리스도의 사랑으로 표현되는 말과 행동의 진정성에 관한 것이다. 골로새서에서 교훈하는 말씀으로 나는 건강한 선교사로 살기 위해 가져야 할 태도가 무엇인지 배우며 그 진정한 교훈이 삶에 적용되고 드러나기 위해 몸부림친다.

> 또 무엇을 하든지 말에나 일에나 다 주 예수의 이름으로 하고 그를 힘입어
> 하나님 아버지께 감사하라 _ 골 3:17

바르게 삐뚤어지면 어떨까? 설령 이 삐뚤어짐이 외로움의 고독을 초래해도 말이다.

사람들은 영민해서 상대의 말과 행동이 형식적인지 진정한 것인지를 직관적으로 구별한다. 그래도 별 상관하지 않을 수 있다. 사회가 대체로 그렇고 빠르게 흘러가는 세상에서 모든 사람과 깊고 진실한 교제를 할 수도 없다. 내게 피해가 없다면 굳이 이러든지 저러든지 상관없이 살 수도 있다.

진리에 관해서도 나에게 직접 연관이 없는 것이면 대체로 동요하지 않기 때문에 진리를 다루는 사람들은 더욱 고통받는 세상이 되어 가고 있다.

하나님 앞에서 사는 나는 내가 살고 있는 이 세상과 사회의 구성원이 대체로 별 탈없이 흘러가고 있는 여기서 내가 걷고 있는 이 길이 맞는 것인지 자문하고 하나님께서 원하시는 길을 찾고 그 길 위에 서고 싶다.

어쩌면 나는 제대로 된 길을 가다가 무의식적으로 사람들이 많이 걷고 있는 다른 길에 접어들었을 수도 있다. 본래 가야할 길의 통행이 적어 길의 흔적을 찾을 수 없어도 그래서 확신이 없고 불안해도 과감하게 방향을 틀어_{삐뚤어져서} 제대로 된, 잃었던 그 길 위에 다시 서는 용기가 필요할 것 같다.

□ 형식에 치우친 태도가 공동체의 일체감과 연관이 있고 그 공동체의 일원이 되는 덕목은 아닐까?

□ 다수가 하는 것을 내가 하지 않을 때, 외톨이가 될까 봐 두려워하지는 않는가?

□ 형식적이더라도 다같이 해야 한다는 주변의 압박을 받고 있지는 않을까? (스스로 만든 압박일 수도 있다.)

□ 마음에 감동이 일어나지 않으면 침묵하거나 멈추어도 아무 일도 벌어지지 않는다는 것을 어떻게 경험할 수 있을까?

□ 착한 척하지 말고 정말 착할 수 없을까? 착하다는 의미는 무엇일까?

□ 보이려고 하지 않는 방식은 어떤 것일까?

"섬김의 본질은 하나님만 아시면 되는 것!"

건강하게 표현하기
(I Statement)

선교 후보생 시절, 당시 갓 스물아홉 살이 된 내게 선교회 총무님께서 "형제는 선교사로서 가장 첫 번째 기도 제목이 뭐예요?"라고 물으신 적이 있다. 나는 당시에 "평화의 사람, 평화의 역할을 하도록 기도해 주세요."라고 답했다.

그날 이후, 어느덧 경력 26년을 지나고 있는 선교의 삶을 살아가며 그때의 일을 회상하여 지금까지의 관계들을 성찰해 본다.

이런 회상을 하게 된 것은 우리가 어떻게 건강하게 선교사로 살아가고 있는지 알려 달라는 부탁을 받게 되었기 때문이다. 질문을 받던 당시에는 "아~휴, 제가 무슨 그런 말을 할 자격이 안됩니다."라고 했지만 그 질문이 마음에 남아서 조금씩 기억을 더듬어 글로 정리하게 되었다.

흔히 선교사에게 동료 간의 실패한 관계가 선교지에서 가장 힘든 요인 중에 하나라고 하는 것은 공공연한 비밀이다. 이를 뒷받침해 주는 선교정보연구원KRIM의 관련 보고서를 보면, 선교사 중도 탈락 원인 중 동료 및 파송 교회나 소속 선교 단체와의 관계가 높은 비율을 차지하고 있다. 그 뒤를 이어 자녀 교육, 건강 악화, 각종 사고와 결혼 싱글의 경우 그리고 재정 등으로 이어지는 것을 알 수 있다.

관계로 인한 기쁨과 상처는 우리가 지상에서 살아가면서 피할 수 없는 고난이기도 하고 동시에 축복이 된다.

나는 종종 세간에 오르내리는 선교사 간의 무너진 관계 속에서 어떤 이를 옳게 보고 어떤 이를 그릇되게 보는 것과 이것이 선교사들의 개인 일탈이나 인성에 문제라고 치부하고 문제의 전부인 양 말하는 모든 언어에 대하여 조심성 없는 성급한 판단이라 생각한다. 이는 통계에서 보듯 사역자들의 삶과 열매 그리고 인생 전체로 조명해 보면 관계는 형태와 모습이 수만 가지나 될 정도로 그 이유가 다양하기 때문이다.

사람 간에 어떤 불쾌한 일이 일어나면 "무슨 이유가 있는 것이고 무슨 사정이 있겠지?"라는 건강한 질문으로 시작하여 현상을 바라보며 사실 여부를 체크하여 사랑과 은혜의 원리가 적용되는 행동이 필요한 이유다.

그럼에도 불구하고 우리는 관계를 통해서 종종 상처를 받는다. 심하게 받기도 한다. 기대를 저버리는 일들과 태도 때문에 자의든 타의든 사람들을 배신하기도 하고 뜻하지 않게 배신하는 모습으로 비추어지는 상황에 빠지기도 한다.

아픈 일은 의외로 우리 주위에서 자주 벌어진다. 무고하게 오해를 부추기는 환경에 빠질 때는 시편 기자처럼 수렁에 빠진 것 같은 고립감을 가진다. 자주 속이거나 이용하는 사람들 속에서는 선한 의도가 소용없으므로 사람들을 멀리한다. 우리도 시편 기자처럼 실망감으로 인하여 눈물이 음식이 되어진다는 것을 처절하게 경험한다.

힘이 없고 나이 어릴 때에는, 나이 많고 힘 있는 사람들이 권력으로 횡포하면 주눅 든다. 거기에 불이익까지 당하면 억울함에 분노가 삶을 지배한다. 나이 들고 어느 정도 권력이라는 것을 이용할 수 있는 지금도 민망한 일들과 자괴감이 드는 부주의한 횡포를 피할 수 없어서 슬퍼한다.

아무리 내면이 건강하고 자존감이 높아도 사람들로부터 불신을 받을 때 마음이 부서지는 것을 숨길 수 없다. 그리고 관계 회복의 때를 살피다가 사람이 떠났을 때 게으름과 용기 없음의 후회에 빠진다.

내가 선배가 되어서는 후배들로부터 거절당할까 봐, 모든 것이 어설픈 후배였을 때는 선배들이 나를 조종할까 봐 서로 경계하고 긴장한다.

나는 선교사로서 현지인을 지도하고 가르치고, 주려고만 섬김 하는 열심에 지쳐가고, 나이 들어가며 체력도 재정과 가진 지식도 왜소해져만 간다. 그런데 현지인들이 선교사들을 계속 신뢰할 수 있을지 가늠하고 의심하는 환경에 노출되어 살아간다. 무엇보다도 매일 반복되는 지루한 일상 속에서 나는 의미 있는 존재인가를 고민한다.

이러한 관계의 난관들이 지속되면 사람들은 병을 얻는다. 선교지의 영적 압박과 불안한 환경과 과로에 더하여 최근 선교사님들이 의외로 잦은 병치레를 하는 것을 목격한다.

비관적인 관계의 일들이 글을 쓰다 보니 꽤나 많이 나열되어 당황스럽다. 하지만 반전은 여기서 시작된다.

지난 관계와 시간을 돌아보니, 그 세월과 환경을 지나는 동안 있었던 일들이 나를 얼마나 더 높은 성숙의 단계로 이끌었는지! 나로 얼마나 더 사람을 이해하도록 지식과 지혜를 주었는지 그리고 내가 얼마나 질그릇 같은 존재이며 스스로 소망이 없는 무익한 사람인지를 뼈저리게 깨닫게 해 주었다.

내게는 아직도 성장하고 변화할 수 있는 기회가 있다. 이것에 감사하며, 스치는 관계를 만남의 관계로 이끌어갈 수 있도록 관계가 처세와 도리 때문이 아닌 진정성 있는 공동체성에서 이루어지기를 소원하며 그 작은 실천을 적용하기 위해 삶에서 표현하는 방식을 아래 성찰을 통해서 도전해 보기로 했다.

표현이 서투른 나는 판에 박은 듯한 인스턴트 식 인사와 표정, 중심 없는 말을 자주 사용한다. 진정성 없는 형식적인 관계는 상대가 이내 알아차린다고 미처 생각을 못하기 일쑤였고 상대에게 오해를 사게 하고 오래지 않아 관계에 금이 가게 하였다.

쉽게 사람을 사귀고 동화되지만 늘 나의 이슈나 안건Agenda에 초점이 맞추어져 있었다. 쉽게 분노하고 불평하는 것은 관계를 통해서 개인적인 기대를 가졌기 때문이다. 나는 말이 많은 사람이어서 나의 장황한 말을 듣는 사람들이 곤혹스러울 것이라는 배려를 미처 하지 못했다.

어떤 이들은 늘 잘 듣는다, 경청하는 자세는 좋은 것이지만 듣기만 하는 사람들도 있다. 이런 기우뚱한 대화는 당장에 아무 일도 없는 듯하지만 어쩌면 미련 없이 돌아서 버릴 시한폭탄일지도 모른다.

나는 잘 참고 베푸는 일에 익숙하다. 곧 되받으려 하거나 아니면 항상 주려고만 하기 때문에 관계의 균형을 깨어 버리고 상대를 부담스럽게 하거나 지배하려고 한다는 것을 뒤늦게 값비싼 대가를 치르고 배웠다. 돌아보니 언어적으로, 행동으로 그리고 마음으로 드러내는 표현은 절제Self-Control가 필요하다는 것을 이내 이해하게 된다.

그리스도인은 예의 바르고, 질서를 존중하며, 진실되고, 사랑할 줄 아는 사람들일 것이다. 이를 통합한다면, 나의 표현 능력도 향상되어 서로에게 기쁨과 만족을 주는 진실된 관계를 세워 갈 수 있겠다는 믿음이 생긴다.

이 사명을 함께하는 동료들과 교회들과 무엇보다도 현지 지도자들과 성도들과 복음이 필요한 모든 사람은 내게 축복이다! 그 아름다운 관계를 위하여 내가 좀 더 표현을 잘하게 되기를 소원한다.

표현되지 못한 사랑은 열매 맺지 못한다.
표현되지 못한 언어는 오해와 내적 폭력을 잉태한다.
표현되지 못한 섬김은 낙심과 좌절을 가져다준다.

3장

From 선교
to 선교적 삶

주체할 수 없는 동기

From Mission to Missional Life

내가 복음을 전할지라도 자랑할 것이 없음은 내가 부득불 할 일임이라 만일 복음을 전하지 아니하면 내게 화가 있을 것이로다 _ 고전 9:16

선교와 전도의 정의에 대하여 논쟁을 하던 때가 있었다. 대략 "선교는 해외에서, 전도는 국내에서 하는 복음 증거다!"라고 결론을 맺었던 것으로 기억한다. 어렴풋이 이와 같은 이론적 개념을 알아야 선교할 수 있을 것 같은 알 수 없던 압박을 뒤로 한 채 현장에서의 삶을 살면서 고백되는 것은 사람이 순종할 영역이 있음에도 불구하고 선교는 하나님께서 친히 행하시는 사역이라는 것이다.

선교의 하나님_Missio Dei_ 을 확인할 수 있는 좋은 예는 세계 선교를 세 개의 시대로 분류해 보는 것이다.

□ '윌리엄 캐리' - 해안 선교 시대

□ '허드슨 테일러' - 내지 선교 시대

□ '랄프 윈터' - 미전도 종족 시대[1]

각 시대마다 어떤 돌파가 있었고, 그 돌파는 인간의 계획이나 전략이 아닌 하나님의 시대를 운행하심이라는 증거가 역사의 구석마다 발견된다. 이것은 선교가 하나님의 사역이고 기뻐하시는 일이며 직접 행하시고 계심을 보여 준다. 그러므로 선교에 부름을 받은 사람들은 하나님의 특사God's Envoys라고 일컬어진다.

21세기는 또 다른 선교 시대로 접어들었다. 과거에 첨예하게 대립되던 것들이 의외로 쉽게 무너지고 그 개념이 개방성을 갖게 되는 시대에 선교사는 선교의 정의에 대하여 고정되고 학습된 개념을 깨는 도전에 직면하고 있다.

이러한 시대적 분기점에 서 있는 지금 주목해야 할 것이 있다. 믿음의 선진들이 생명을 다해 살아내고 보여 주었으며 그리스도인들의 소원이 되고 이 시대가 기독교인들에게 요구하고 있는 '선교적인 삶'Life as Mission이다. 즉, 선교를 단지 전도와 교회 개척을 하는 등의 협소한 생각에 머물지 않고 하나님 나라의 영역으로 확대하여 전인적이

---

1 랄프 윈터 외, 정옥배 역, 『미션 퍼스펙티브(Mission Perspectives)』, 예수전도단, 2000 참조.

고 삶의 총체적인 영역으로 흐르게 할 것에 대한 각성으로 나아가는
것이다.

일상의 선교
- 일상이 되어야 -

　선교지의 삶은 감동과 역동적인 사건의 연속이다! 하나님이 역사하시는 일들은 우리들의 삶의 간증이 되어 종종 선교 대회 등 다양한 집회에서 청중들의 마음을 감동시키는 메시지가 되기도 한다.

　사실은 이렇다.

　선교지는 조용하다. 지난 분기 우리는 두 편의 정기 선교 보고 서신을 작성하여 발송했다. 1년 평균 약 6편의 서신을 쓰는 관행을 생각할 때, 1/3의 보고를 한 셈이다.

　두 편의 서신에 등장하는 여러가지 일 가운데 특별한 기도 제목이었으며 집중력 있는 섬김이 필요했던 6차 알바니아 목회자 콘퍼런스가 소개되었다. CTS기독교TV의 뉴스 혹은 유튜브에서 관련 영상을 볼 수 있을 만큼 이곳에서는 흔치 않는 큰 프로젝트였다.

콘퍼런스를 마치고 2주 후에는 알바니아에서 흔치 않은 성도 간의 결혼 예배가 있어서 집례했다. 알바니아 국가 태권도협회의 '앤드리' 기술위원장이 한국 정부와 올림픽위원회 초청으로 알바니아 국가대표 선수 4명과 함께 4주간 한국의 무주 태권도원에서 실시한 특별 훈련에 참가한 후, 영국 맨체스터 세계태권도선수권대회에 참가하는 일들을 섬겨 주었다.

이 글의 서두와는 전혀 다른 주제의 글을 쓰고 있는 것 같지만 그렇지 않다. 보고된 사역의 간극에는 일상의 지루한 시간과의 전쟁이 있었다.

지겹게 느껴질 정도로 조용함, 발길이 뜸한 사람들, 때로는 며칠간 울리지 않는 전화기, 스팸만 확인되는 이메일의 받은 편지함. 우리가 먼저 찾지 않으면 그 누구도 우리에게 관심이 없는 것 같다.

그렇게 매일의 삶을 대면해야 하는 것이 1년, 2년, 10년, 20년 … 그렇게 계속되다 보면 정상적인 사람이라면 미칠 것 같은 충동마저 생기게 된다.

매일 감동적인 이야기가 만들어지고 급박한 기도 제목이 세상에 알려져 사람들을 자극하고 관심을 증진시키는 사건들 뒤에서는 대부분 너무 조용한 일상의 삶이 살아지고 있는 것이 선교 사역이다. 깊은 터널의 한 가운데에서, 칠흑같은 어두운 조용함 속에서 경건의 삶을 살며 예배자가 되는 것이 사실은 선교 사역의 핵심이다. 매일 아무에게도 보이지 않는 조용하고 흥미롭지 않는 하루하루를 하나님을 의지하며 부르신 분의 뜻에 따라 살아가는 인내의 시간이 선교 사역의 대부분이라 해도 과언이 아니다.

거룩하게 보이는 삶이 일상 같지만 종종 우리 삶은 거룩하게 보이지 않는 환경이어서 고통스럽다. 그러한 날들에 진정한 영적 돌파가 필요하다. 자신을 가꾸고 삶에 지친 사람들에게 소망의 빛을 비추어 주며 위로와 복된 삶에 대한 하나님의 관심을 나누고 싶은 소원! 그 소원을 갖고 오늘도 주어진 일상을 부여잡고 몸부림치며 사는 것이 선교사의 일반적인 삶이라고 나 자신에게 계속 도전한다.

지난 1분기를 요약한 우리 기도 서신을 장식한 보고 내용만 보면, 선교지는 하나님의 역사하심에 대한 놀라운 간증의 연속이다. 그리고 성령님의 역동적인 운행하심이 사람들의 인생 속에서 역사하시는 모습을 보게 하는 흥미진진하고 눈에 띄는 프로젝트들로 가득한 것 같다. 하지만 이렇게 보여진 외형은 사실 수많은 외로움과 고독과 조용함 속에서 몸부림친 믿음의 사람들의 기도와 순종한 사람들의 희생이 그 누구의 관심조차 받지 못한 곳에서 피어난 들꽃이고 거친 열매이다. 그리고 그 잠잠한 일상을 살아내도록 도우신 우리 주님이 살아계신 흔적인 것이다.

받은 편지함에 가득한 스팸과 각종 행정적 요청 메일을 읽어 내야 하는 메마름도, 전화 한 통 없는 물색 없는 휴대폰, 그 안에서 울리는 "카톡, 카톡" 외치는 단톡방 공지 문자의 피곤한 소리도, 나의 외로움이 극도의 고독에 들어갔음에도, 내게는 일어나지 않는 페이스북의 알 수 없는 친구들의 자랑질이 도배를 하여도, 무엇을 해도 지루하기만한 하루 또 하루에 활력을 잃어간다 할지라도, 그 고독과 친해지며 진전 없는 일과를 묵묵히 감내하는 것도 선교사의 영성이며, 그 일상을 살아내는 것도 사역이다! 이렇게 감히 말할 수 있는 것은 그 숱한 날들이, 그 외로움이, 그 답답함이, 그 조용함이 선교 사역의 매우 큰 영역이며 그 자리를 지키는 자들이 선교사이고 하나님께서는 그 순종을 통하여 당신의 사역을 하고 계시며, 살아 계신 하나님께서 역사하시는 증거가 되기 때문이다.

일상의 선교, 그것은 로마서 기자가 도전한 말씀을 마음으로 받아 매일 산 제사로 드려지는 의미를 삶으로 살아내는 것, 그것이 오늘 나에게 주어진 선교 사역이다.

그러므로 형제들아 내가 하나님의 모든 자비하심으로 너희를 권하노니 너희 몸을 하나님이 기뻐하시는 거룩한 산 제물로 드리라 이는 너희가 드릴 영적 예배니라 너희는 이 세대를 본받지 말고 오직 마음을 새롭게 함으로 변화를 받아 하나님의 선하시고 기뻐하시고 온전하신 뜻이 무엇인지 분별하도록 하라 _ 롬 12:1-2

선교와
돈

얼마 전, 한국의 청년 선교 운동을 이끄는 한 분과 대화하면서 우리 부부의 지난 간증을 나눌 기회가 있었다.

우리 부부는 결혼 3년 후, 선교지로 길을 나서면서 신혼살림 일체를 당시 타문화권 선교에 헌신한, 결혼을 앞둔 지인에게 줄 수 있었다. 그분들의 삶의 경제적인 여유로 보아 우리가 3년간 사용한 중고품으로 신혼집을 꾸미는 것은 새 출발을 하는 두 분에게는 쉽지 않은 결정이었을 것이다. 하지만 우리는 출국을 앞에 두고 바쁜 일상을 보내느라 짐들을 트럭에 실어 보내고 선교지로 나왔다. 제대로 인사를 나누지 못하고 살다가 수년 후에 늦은 결혼 축하를 하기 위해 두 사람이 살고 있는 집을 방문하였다.

그 신혼집에서 낯익은 가구들을 보면서 기쁨과 옛 추억에 잠겨 교제하며 두 부부의 친밀함이 더해졌다. 저녁 식사를 하면서 형제는 이 가구들이 또 다른 선교 후보생의 신혼집으로 가게 된다며 자신들은 곧 M국으로 출국하게 되었다고 하였다.

이런 우리 부부 이야기를 듣던 국내 선교 지도자는 요즈음에는 듣기 힘든 간증이라며 왜 지금은 이런 간증이 점점 줄어드는 것인지 반문한다.

"선교사로 살아가면서 가장 힘든 것이 무엇인가요?"라는 설문 조사를 종종 받는다. 그 결과도 받아 보면 대부분 관계 문제라고 답한다. 그러면 어떻게 대안을 세워야 할까?

"기도해야 한다!"라고 한다. 가장 중요하지만 기도만 하는 함정에 자주 빠진다.

"시스템을 갖추어야 한다!"라고 한다. 시스템이 필요하지만 사각지대가 존재한다.

"사람인격이 되어야 한다!"라고 한다. 하지만 사람은 늘 자신에게만 관대한 관성에 이끌린다.

나는 "물질에 자유해야 할 것 같다."라는 생각을 자주 한다. 세대가 물질만능주의를 더욱 부추기고 돈으로 가치를 판단하는 일이 자연스러워졌다. 그래서 우리 속사정을 가만히 들여다보면 사역자로 헌신한 나의 마음이 아주 많이 물질에 연결되어 있음을 변명할 수 없다.

그래서 나는 빌립보서 4장에 있는 바울의 고백을 읽을 때마다 감동과 교훈을 더하며 살게 된다. 그것은 선교사로서 공감이 많이 되기 때문이다.

> 데살로니가에 있을 때에도 너희가 한 번뿐 아니라 두 번이나 나의 쓸 것을 보내었도다 내가 선물을 구함이 아니요 오직 너희에게 유익하도록 풍성한 열매를 구함이라 내게는 모든 것이 있고 또 풍부한지라 에바브로디도 편에 너희가 준 것을 받으므로 내가 풍족하니 이는 받으실 만한 향기로운 제물이요 하나님을 기쁘시게 한 것이라 나의 하나님이 그리스도 예수 안에서 영광 가운데 그 풍성한 대로 너희 모든 쓸 것을 채우시리라 _ 빌 4:16-19

선교사로 살아가는 은혜 가운데 가장 특별한 점은 하나님이 역사하시는 일들에 대한 간증이 자주 발견되는 것에 있을 것이다. 예를 들어, "재정에 대하여 선교는 어떤 원리를 가지고 있는가?"에 대해 성찰하다 보면 사도 바울의 시대에 역사하셨던 하나님의 방법이 오늘날에도 그대로 적용되는 것을 알 수 있다.

우리 부부가 선교지에 도착했을 때의 나이가 만 30세였고, 한국인 선교사 파송 평균 나이보다는 비교적 일렀다. 당시에는 약관의 초임 선교사 부부를 믿고 후원할 만큼 한국 교회의 해외 선교에 대한 이해와 폭이 넓지 않았다. 우리 부부도 주변과 교회들에게 공감대를 충분히 얻고 있지 못하였기에 수년간 긴축 재정으로 불편한 생활을 할 수 밖에 없었다. 지금도 잊지 못할 일은 선교회와 선교팀에서 나누어 준 배려다. 상대적으로 재정 상태가 어려웠던 우리를 위해 선교회는 행정적으로 유연하게 배려해 주었고, 현장팀에서는 후원처를 연결해 주고 필드 내 공동 재정 책무에서 일정 기간 우리 짐을 대신 감당해 주었다.

우리가 사역하는 나라는 전 세계에서 온 70개 선교 단체와 교단이 현지 선교사 협력체를 구성하여 같은 사무실을 사용한다. 그러면서 현지 행정과 법적 신분 문제 등을 지원해 주는 국제기구가 있다. 우리 도 이 기구에 속해 있어서 국제 전화나 우편물 역시 한 사무실에 있는 각 단체 사물함을 이용하고 있다.

우리가 월세로 살던 낡은 아파트는 오래된 카펫이 깔려 있었기에 진공청소기가 필요했다. 일주일에 한 번 동료 선교사에게 빌려 청소 할 수 있었다. 항상 미안하고 불편한 마음에 한 번은 진공청소기를 살 수 있도록 기도하였다.

1995년 초여름 어느 날, 여느 때처럼 사무실을 방문하고 나오면서 습관처럼 우편함을 확인하는데 내 이름으로 된 봉투가 하나 있었다. 워낙 서구 선교사들이 많았고 종종 공지들을 이렇게 전달했었기에 무 심히 가방에 넣고 집에 와서야 내용을 확인했다. 150달러가 들어 있 었다.

이것으로 필립스 진공청소기를 구매할 수 있었다. 25년이 지난 지금도 본체 이곳저곳이 깨진 이 진공청소기는 강력한 흡입력으로 교회와 사택을 청소하는 데 부족함 없이 쓰이고 있다.

사실 이런 일들이 그 당시 선교사들 사이에서는 종종 일어나는 일이었다. 누군지 알려고도 하지 않고 공급하시는 하나님의 선물이라 여기며 감사하며 살았기에 지금도 우리는 누가 이러한 필요를 채우려고 봉투를 두었는지 알지 못한다. 하지만 하나님이 그리스도 예수 안에서 영광 가운데 그 풍성한 대로 우리 모든 쓸 것을 채우시는 공급의 원리는 이렇게 오랜 세월 열매로 드러나게 된다.

선교는 자원이 필요하다. 그래서 경제학과 경영학적 원리들이 선교에 관련된 영역에 적용되고 선한 청지기적 삶과 효율적인 재정 관리를 요구받는다. 하지만 현실은 일부 사역을 제외하고는 전문적으로 관리할 만한 자원이 주어지지 않는다.

늘어나는 선교사 숫자에 비해 한국 교회의 자원은 하락 곡선을 그리고 있다. 이렇게 제한된 자원을 가지고 늘어나고 있는 선교사들이 나누어 사용해야 하니 뜻하지 않게 경쟁이 일어난다. 그것이 때로는 다툼이 되어 서로에게 상처를 주기도 할 것이다.

선교는 자원이 필요하다. 왜냐하면 선교는 종종 아버지의 마음을 갖기 때문이다. 선교사는 사람들이 무언가를 요구하지 않았음에도 사람들과의 교제 속에서 이들에게 뭐가 필요하겠다는 생각이 자연스럽게 올라오는 못 말리는 사람들이다. '오지랖'일 수도 있지만 하나님께서 나를 보실 때 그럴 것이라 여기면 큰 위로가 된다. 내가 미처 깨닫지 못한 필요를 아버지가 보시고 관심을 주시는 것처럼 선교사는 선교지 영혼들의 삶을 보며 하나님께서 주시는 유사한 동일한 마음을 갖기 때문에 자원이 필요하다.

참으로 모순된 것 같고 해답이 없는 주제다. '선교와 돈 자원'은 절대적 가치가 될 수 없으나 매우 요긴하고 필요한 것이 아니라고 나는 부인할 수 없다. 돈으로 하는 선교는 쉽다. 또한 넘어트리는 걸림돌이 될 수 있다.

그래서 정확히 필요를 간파하는 통찰력이, 재정을 건전하게 일으키는 안목이, 잘 사용할 줄 아는 지혜와 선한 양심이 하늘로부터 공급되기를 소원한다.

생각들을 정리하다 보니, 무한하신 하늘의 하나님의 자원을 의지하고 구하고 찾으면 경쟁은 축복의 나눔이 되고, 다툼은 선의의 격려가 될 것이고 거룩하고 본이 되어 평안이 가득한 선교 공동체가 될 것 같은 믿음이 올라온다.

돌아보면, 단 한순간도 돈이 없어서 사역을 못하거나 굶주린 적이 없었다. 한국의 IMF때, 5개월여 선교비 송금 자체가 중단되었을 때에도 하나님은 우리를 먹이셨고 일하게 하셨다.

우리에게 필요한 것은 승자의 여유다. 선교사는 믿음으로 사는 의인이고 주님의 용사다. 이미 승리를 선포하고 우리를 부르신 하나님께 기대어 그 풍성함에 여유를 갖는 사람들이기 때문이다. 모금이 안 된다고, 알아주지 않는다고 불평과 원망하는 마음을 가질 필요가 없는 것이다.

많이 가진 자는 부족한 자에게 흘려보내고, 부족한 자는 하나님의 공급에 감사로 살며 은혜 가운데 분발함으로 또다시 나누는 삶을 살게 될 때, 우리는 비로소 세상이 감당하지 못하는 강한 성도가 될 것이다. 그리하여 '맘몬'의 시대에 돈 때문에 가치와 품위와 신뢰를 잃어가는 세상에 대하여 할 말이 있는 선교사가 될 줄 믿는다.

플랫폼 시대의
선교

　최근 세상에서 가장 핫 Hot 한 이야기 중 가장 으뜸은 혁신 Innovation 일 것이다. 유행 Trend 을 이야기하는 것이 아니다. 글로벌 시가 총액 상위 1-10위를 기록하는 대기업이 제조업과 거의 관계없는 플랫폼 기업[1] 이라는 사실을, 선교 사역에 임하고 있는 나는 간과할 수 없다. 비록 전문가는 아니지만 시대를 이해하는 차원에서 주관적이어도 나와 선교 사역에 적용되는 이야기를 나누고자 한다.

　세상을 앞서간다고 하는 플랫폼 기업들의 특징은 미래를 읽고 과감히 혁신하여 다른 것들에 대한 조합을 잘한다는 것이다. 반면 우리 사회는 미래의 가치에 대하여 평가절하하고 당장의 이익에 지나치게

1　예를 들면, 구글·애플·페이스북·마이크로소프트·알리바바 등이다. 참고로 2018년도 분석 자료에 따르면, 삼성은 18위다.

집착한다는 말을 심심치 않게 언론 보도를 통해 듣고 있는 것도 현실이다.

그 한 예로 90년대 초 고려대학교의 연구팀이 세계 최초로 발명한 무인 자동차 기술의 가치를 알아보지 못하고 내던진 것이다. 한 언론사의 심층 취재에 의하면, 지금 우리는 그 기술을 천문학적인 돈을 지불하고 사다가 쓴다고 한다. 혁신에 게을렀던 국가와 대기업의 무능이 한국 경제의 좋은 기회를 상실하고 손해를 입혔다고 할 수 있을 것이다.

플랫폼 시대는 네트워크가 절대적이다. 'Networking'을 그대로 번역하면 "그물이 일을 한다."라고 할 수 있을 것이다. 즉, 혁신의 첫 단추는 서로 연결되는 것이다. 그러면 고기를 잡을 수 있는 그물망이 형성되고 목적을 수행할 수 있게 연결된다.

여기가 끝이 아니다. 4차 산업 혁명 시대에서는 네트워크에 '애드호크' 네트워킹ad hoc networking이라는 수식어를 붙이고 있다. 해석하면, '임의적인 네트워킹'이라고 한다. 이는 과거의 혁신에서는 비슷한 것들의 조합이 강조되었다면 현대는 임의적인, 즉 서로 다른 것들과의 조합이 요청된다는 의미다. 바로 더 높은 수준의 혁신을 요구한다는 말이다.

각개 전투에 능했던 나는 비슷한 형태끼리 네트워킹에도 불편했고, 혁신을 해야 한다는 말에 동의하면서도 적용하는 데 주저하였다.

하지만 이제 다른 것들과, 그것도 임의적으로 조합을 요구받는다면 그 혁신의 대가는 더욱 커질 수 밖에 없으니 불편하고 꺼리는 요인을 대면하는 도전을 받게 된 것이다. 세상은 "이제 혁신을 하든지, 아니면 당하든지!"라고 도전하고 있다.

선교 사역은 사실 대단히 총체적인 일이라 할 수 있다. 복음 전파를 목적으로 전 세계에서는 매우 다양한 방법으로 다양한 국가와 인종과 언어와 문화 속에서 사역이 진행되고 있다. 성경의 메시지는 하나이고 절대적인 내용이지만, 이 메시지는 다양한 콘텐츠로 포장되어 전달된다.

포장이라는 단어가 거슬리지만 우리는 복음을 전하기 위해 산을 넘고 물을 건너 복음이 미치지 못한 사람들에게 그들의 언어와 문화 그리고 전통 속에서 '구속적 유비'[2]를 발견하여 복음을 설명하기 위해 다양한 모습으로 저들 가운데로 나아간다. 마치 예수님께서 우리 가운데 우리의 모습으로 오셨던 것처럼 말이다.

우리 선교팀은 알바니아에서 26년간 6차례에 걸쳐 현지인 목회자 콘퍼런스를 섬길 수 있었다. 첫 해에 나는 모든 것을 혼자하였다. 3박 4일간 15개의 강의를 통역하고 관련된 전 행정을 처리하느라 세미나

---

2   각 문화마다 하나님을 이해할 수 있는 것이 존재한다는 의미다.
    돈 리챠드슨, 김지찬 역, 『화해의 아이(*Peace Child*)』, 생명의말씀사, 1987.

를 마치고 몸이 만신창이가 되었다. 하지만 기뻤고 보람도 있었고 자부심과 격려도 많이 받았다. 그렇게 해야 하는 일인 줄 알았다.

두 번째 콘퍼런스는 팀으로 사역했다. 선교부의 동료 선교사들을 동원하기 위해 이 사역의 목표와 동기와 진행 과정을 소개하고 함께 섬길 분들로 팀을 짰다. 그리고 은사에 따라 각 영역을 나누었다. 한결 발전된 팀사역의 모델이 되었다. 내가 부인되는 작은 희생으로 사역을 공유하고 힘도 덜 드리는 효과가 있었다.

세 번째 이후부터 콘퍼런스는 제한을 두지 않고 관심 있는 사역자들과 팀을 구성해서 진행하였다. 알바니아 내 어느 선교사님이든 이 사역에 마음이 열린 분들과 동역하자고 제안했다. 특별히 현지 목회자들에게 도움을 구해 일정한 사역을 공유했다.

지난주, 나는 여섯 번째 알바니아 목회자 가족 콘퍼런스를 섬겼다. 가장 두드러진 특징은 동역한 분들의 나이, 국가, 소속, 배경 에서 매우 큰 변화를 갖게 된 것이다.

현지 목회자분들의 자녀들을 돌보기 위해 미국에서 캐나다에서 한국에서 20-30대 PK들이 모였다. 섬기는 일들을 위해 전문 사진사들이 한국과 탄자니아 필드에서 와 주었다. 여러 단체의 선교사들이 작은 일에도 의미를 가지고 모였으며 강사들은 70% 현지인 사역자들로 채워졌다. 찬양팀 역시 알바니아 전국의 4개 교회에서 찬양의 은사를 가진 목사님들이 연합팀을 꾸렸다. 행정은 현지인 사역자들이 전담했고, 의사소통은 'WhatsApp'이라는 플랫폼을 사용하였다.

이 일이 진행되는 가운데 신기하게도 선글라스를 만드는 중소기업인은 선물로 사용하라며 안경을 보내왔다. 어떤 선교 단체는 현지 교회들에게 나누어 주라고 구급함을 보내 주었다. 봉사하러 온 사진작가는 촬영한 사진과 동영상을 담아 줄 USB를 자신의 거래처에서 주었다며 가지고 왔다. 내가 계획하지 않는 네트워크가 성령님의 감동에 의해 구체적이고 세밀하게 작동한 것이다.

내가 과거의 습관에서 오는 편리함과 경직된 사고에 빠져 있었다면 결코 볼 수 없었던 협업의 시너지를 경험하게 된 것이다.

나는 이번 일이 진행되는 과정 속에서 플랫폼 시대의 선교적 혁신은 마치 이와 같은 모습이 되어야 하는 것이 아닌가 하는 도전을 받게되었다.

☐ 속해 있는 단체와 교단과 그룹에만 우리를 제한하지 않는 혁신

☐ 파송되고 사역하는 국가와 문화 그리고 사역 영역에 우리를 가두지 않는 혁신

☐ 능력자에 의하지 않고 각자의 은사가 모아져 목표에 이르는 자기 부인의 혁신

☐ 사람이나 기관이 드러나지 않아도 행복해질 수 있다는 생각의 혁신

하나님 나라의 선교, 하나님 백성의 선교로의 혁신은 다음과 같은 몇 가지 조건이 있다고 여겨진다. 지난 주간 내가 보고 경험한 그 협업의 시너지는 공통적으로 다음과 같은 사역자들의 태도와 관점이 있었기에 가능했고 그것이 조건이라 할 수 있을 것이다.

첫째는 각자의 자리에서 성실했다.
둘째는 하나님 나라가 자신의 사역Local Ministry 보다 우선했다.
셋째는 누가 누구를 도와주는 개념에서 동역하는 의식을 가졌다.
넷째는 하나님의 사명을 위해 그 소명이 분명했다.
마지막으로 모두의 기쁨과 대가는 하나님께서 영광을 받으시고 섬기려는 분들의 행복함을 보는 것으로 충분하다 여긴 것이다.

혼자 일할 때 유익이 있다. 편리함도 있다. 그렇게 자신의 삶과 사역에 성실한 사람들이 혁신도, 동역도, 팀사역도, 하나님 나라와 하나님 백성의 선교도 가능하다는 사실에 주목한다.

다만 다른 것에 대하여 마음과 생각을 열면, 서로 어울리지 않을 것 같은 것들이 우리에게 너무 소중한 것들이고 그것들은 따로 있을 때보다 훨씬 창조력을 가진 하나님 나라에 유익한 융합을 이룰 수 있음을 생각해 봄직하다.

혁신이 나를 혁신하려고 강제하기 전에 하나님 나라를 위해 나를 성찰하여 성장시키는 도구로, 그래서 조금 더 하나님께서 기뻐하시는 그 사명에 가까이 다가서는 경건의 동력이 되기를 소망한다.

두 사람이 한 사람보다 나음은 그들이 수고함으로 좋은 상을 얻을 것임이라 혹시 그들이 넘어지면 하나가 그 동무를 붙들어 일으키려니와 홀로 있어 넘어지고 붙들어 일으킬 자가 없는 자에게는 화가 있으리라 또 두 사람이 함께 누우면 따뜻하거니와 한 사람이면 어찌 따뜻하랴 한 사람이면 패하겠거니와 두 사람이면 맞설 수 있나니 세 겹 줄은 쉽게 끊어지지 아니하느니라 _ 전 4:9-12

사명 공동체
vs. 우정 공동체

시소는 어린 시절 즐겨 하던 놀이터의 놀이 기구였다. 나이 들어 보니 재미와 함께 사회 구성원의 책무와 나눔의 균형을 놀이로 승화시킨 아주 대단한 놀이 기구라는 것을 깨닫게 되었다.

이 놀이를 통해서 어린 시절부터 사람들은 균형의 가치를 배우고 누군가는 그 놀이를 위해 발을 굴러 주는 배려와 사랑을 표현하며, 무게 중심에 따라 서로 노력해야 함을 배운다.

한국선교사협의회KWMA 통계를 보니 한국 선교는 지난 2013년을 기준으로 25년간 엄청난 부흥기를 보냈다. 1998년부터 2004년까지 6년 동안 매년 1,317명의 선교사가 증가했다. 이는 2013년 이전 10년간 492% 양적 성장의 위대한 10년이라고 지칭했는데, 그럴 만한 시기다.

놀라운 양적 성장이 가져온 선교의 피로감은 빠른 성장의 후유증이 곳곳에서 발견되면서 마치 시소 놀이의 균형 맞추기처럼 내적 치유·상담·멤버 케어·행복한 선교 등 선교사의 중도 탈락을 줄이려는 노력이 시작되었다. 돌봄을 위한 다양한 프로그램이 MK 선교사 자녀 /MP 선교사 부모 사역 , 선교사 연장 교육과 건강 관리, 노후 대책까지 확산되고 있음은 빠른 속도와 결과 중심적이던 우리에게 선교의 다양한 영역에 눈을 뜨게 했다. 그리고 깊이 있는 선교 사역에 대한 성찰의 중요성도 알려 주고 있다.

세상 어느 곳이든 분배 문제로 인하여 풍성함과 부족함의 갈등이 발생하고 있는 것처럼, 선교도 세상의 풍조와 함께 엄연히 양극화가 존재하고 있다. 나는 그 틀 안에서 두 가지 서로 상충되는 주제에 대해 성찰해 보았다.

"선교가 바르게 되기 위해서 우리는 사명 공동체가 되어야 하는가? 아니면 우정 공동체가 되어야 하는가?"

사명과 우정이라는 두 단어는 긍정적임에도 불구하고 서로 마주할 때 묘한 긴장감을 느끼게 한다.

사명 공동체는 마치 의지가 충만해 보이고 결의에 차 보인다.

성경에서 말하는 제자들의 모습과 선교의 문을 열고 그 길을 간 인물들의 삶이 그와 같았으며 바울은 수없이 많은 고초와 고독을 넘어_{고후 11:22-27} 예수 그리스도의 복음을 전하기 위해 자신의 생명을 귀한 것으로 여기지 않았다_{행 20:24}. 그 이유로 '바나바'와 다투기까지 했으며_{행 15:36-41}, 자신의 모든 것을 분토_{糞土}와 같이 여기는_{빌 3:8} 집중력을 보여 주었다.

우정 공동체의 모습은 어떨까?

유튜브의 '잘잘법'이라는 콘텐츠는 그 핵심이 자신에게 "괜찮다!"라고, "그만하면 잘 했다!"라고 수고한 사람들에게 또 주눅이 든 사람들에게 격려를 주는 것이었다. 이 두 가지 주제를 생각하다가 상호 긴장감을 주는 것 같음에도 서로 충돌하지 않는다는 통찰력을 얻게 되는 것은 우정 공동체는 사명을 이루는 공동체에 절대 필요한 공동체이기 때문이다.

바울의 서신서를 읽을 때마다 나는 선교사로서 공감하고 눈물이 나는 대목들이 있다. 사명에 미친 사람이었던 바울에게는 우정 공동체가 있었고, 종종 바울의 고백 가운데 이들이 등장할 때 유난히 그렇다. 바울과 함께 우정 공동체를 이루었던 사람들 역시 바울이 자신들에게 우정의 대상이었음을, 우리는 매임과 죽음이 기다리는 예루살렘으로 향하는 바울을 안고 울던_{행 20:37} 그들에게서 본다. 그들은 자주 서로 선물을 나누었고_{빌 4:14-23}, 그 선물은 자신들에게 가장 중요한 것들이었음으로 진실된 사랑이 담겨 있었으며 물질과 언어와 사람과 기도와 충성으로 나타났다_{빌 2:25-30}.

결국 그들의 우정이 사명의 성취에 나아가도록 촉진시킨다는 점에서 나는 이 두 주제가 하나이면서 두 개인, 함께 가야하는 것임을 발견한다.

간혹 나는 여러 동료 선교사들과 커피를 마시고, 진지한 대화를 나누다 함께 잠든다. 현지의 제한된 식재료를 가지고 서로를 위해 그리운 고국 음식을 만들어 먹는다.

26년 전 한 선교사의 헌금으로 구입한, 테이프가 덕지덕지한 진공 청소기를 사용하면서 헌금으로 사는 선교사도 나누고 흘려보내야 하는 하나님 나라의 경제 원리로 살아야 한다는 것을 곱씹으며 그 삶을 매일 연습한다.

때로는 사역 방법에 의견 일치를 보지 못하고, 사안을 바라보고 처리하는 방법에 있어서 큰 차이에 합의하지 못하고 함께 일하지 않는 결정을 한다.

그래도 괜찮다!

함께 그 일을 하지 않을 뿐 우리는 함께 존재하기 때문이다. 또한 우리는 다름을 인정하고 서로의 다른 방법을 비판하지 않는다. 우리는 방법이 다르고 하나님 나라에서 서로 부여받는 역할에 약간의 차이가 있기에 그 일에 마음 상하지 않는다.

궁극적으로 나는 나의 일을 하지 않는다. 하나님의 심부름을 하는 사람이라는 점을 상기하면서 주인의 뜻에 따라 나는 이 일을 하고, 누군가는 저 일을 담당하고 있다는 점에 주목한다. 선교사는 서로 불평하지 않으며 서로의 우위를 비교하지 않는다.

시소 놀이의 사명 목적은 기쁨을 주는 것이다. 그 기쁨은 놀이를 잘 이해할 때 발생한다. 어떤 때는 상대에게 기쁨을 주기 위한 놀이가 될 때도 있다. 사실은 그들의 기쁨이 자신의 기쁨이 되기에 항상 서로 같은 결과를 얻게 된다.

사명을 이루는 목적을 이해하기 위한 성장을 사모해야 한다. 그래야 이 시소 놀이를 더 잘할 수 있다. 시소 놀이 안에 사명 공동체도, 우정 공동체도 함께한다!

4장

하나님 나라의
관점으로

♥ From Mission to Missional Life

앞 장에서 언급했던 선교로부터 선교적 삶으로의 키워드는 선교를 통합적이고 총체적으로 인식하는 발상의 전환에 대한 이야기였다. 이 장에서는 그것을 좀 더 구체적인 이야기로 다루고 싶다.

오늘 날 우리에게 깊은 영감을 주며 통찰을 주는 몇몇 메시지는 한결같이 순결한 복음이 강조된다. 그 강조점은 그리스도인의 삶에서 드러남으로 완성된다고 도전한다.

선교 현장에서 큰 공감을 주는, 크리스토퍼 라이트의 『하나님 백성의 선교』*The Mission of God's People*[1]에서는 하나님 백성의 선교란 "모든 교회의 존재와 메시지는 '악에 대한 그리스도의 승리와 우주적 통치'

---

1   2012년에 한화룡 번역으로 IVP에서 출간하였다.

라는 온전한 복음을 하나님이 창조하신 전 세계와 영역에 전하는 것이 되어야 한다는 것"이라고 매우 간략히 요약할 수 있다. 이것은 선교 사명의 수행이 타문화 복음 전도에 머물지 않고 삶의 모든 것이 선교라는 통합적인 시야로 넓혀져야 한다는 것이다.

이처럼 삶의 전 영역에서 하나님 백성의 삶이 드러남으로 하나님의 복음이 온 세계에 증거되는 관점을 이야기해 본다.

드론(Drone)으로
보다

산을 오른다.

처음에는 자신만만하게 산에 오르는 것을 선택했다. 하지만 오르다 보면 포기하고 픈 유혹이 단 한 번도 빠지지 않고 드는 것이 나의 산행이다.

다가올 정상의 전망이 아무리 좋으면 뭐하겠는가? 지금 숨이 차다. 좁디 좁은 이 길에서는 답을 찾기 어렵고 몸이 고달파지니 후회가 된다.

조만간 끝날 것 같지 않은 정상까지의 지루함으로 마음에 불안함이 밀려온다. '내가 이 여정을 마칠 수 있을까?' 끝까지 갈 수 있을지 나를 가늠하면 할수록 의심이 싹을 키운다. 하지만 포기하지 않고 산을 계속 오르다 보면 지상에서 볼 수 없었던 색다른 세상 풍경에 이내 괴로움은 잊힌다.

선교지에서의 삶은 거친 산행의 숲속을 걷는 듯, 깊은 계곡, 좁고 거친 길을 지나는 것과 같다. 종종 힘들어지는 것은 전망이 없기 때문일 것이다. (산을 오르다 보면, 힘든 나머지 풍경보다는 눈앞의 한 걸음에 집중되어 있는 근시안이 작동한다.) 다른 언어, 색다른 문화와 사회 전통, 다른 종교적 가치, 경제적 빈곤, 약해지는 건강, 멀어지고 잊히는 것들, 불확실한 미래 등 삶의 운신의 폭이 작은 선교지 환경에서는 마음의 폭도 작아진다. 생각도 편중되어 좀처럼 여유를 얻기 어렵고 쉽게 폭발하거나 나약해지고 소극적이 되기도 한다.

'싫어요, 몰라요, 못해요' 등 낮은 자존감의 언어와 왜곡된 생각들이 어느새 마음을 지배한다. '결국 나는 이 산행을 다 마치지 못할 거야. 혹 힘들여 다 마친다 해도 아무 의미가 없을지도 몰라.'라는 의식이 자란다.

일어나지 않은 또는 일어나지 않을 일들을 상상하고 방어하고 있는 자신을 발견하고 대면하는 것은 쉽지 않다. 주눅 든 이러한 일상이 지속되면 자기애가 커지고 무엇이든 사유화하고 과시하고 언행이 불일치되는 습관을 쌓게 된다. 이런 패턴이 사람들과의 관계에서 작동되는 횟수가 늘어날수록 처한 현실의 상황은 악화되지만 예방적 돌봄이 갖춰지거나 안심하고 고통을 나눌 수 있는 곳이 좀처럼 없다.

반면에 하나님은 간혹 당신 종들의 시각을 트인 곳으로 이끄신다. 높은 곳에서 사방을 둘러보게 하시고 넓은 곳에서 세상과 하늘을 보게 하신다.

창세기 13장에서 하나님은 아브라함에게 동서남북을 모두 볼 수 있는 곳에서 약속을 주신다. 모세는 신명기 33장에서 향후 이스라엘 백성이 얻을 모든 땅을 보며 하나님의 언약을 확인받는다. 아브라함은 조카 롯과의 관계 속에서 사람과의 관계와 제물의 상실을 겪는 중이었으며, 모세도 끊임없는 사람들의 불평과 기약할 수 없이 길어지고 있던 여정에 지쳐 있던 때이다.

그들은 그들에게 주어졌던 산행의 비좁고 척박한 삶과 사명의 길에서 어떻게 살아낼 수 있었을까? 수학 방정식을 풀듯이 그들의 삶에 우리를 대비하면 참을 얻을 수 있는 해解를 구할 수 있다.

신명기 33장 29절에 이스라엘이 받은 축복에서 우리에게는 전제가 있다. "이스라엘이여, 너는 행복한 사람이로다!" 우리는 행복한 자라는 것이다. 내가 지금 걷는 협잡한 선교의 길이 지루하고 위험하며 외로워도 언약이 있다는 것은 삶에서 깊은 여유를 얻도록 해 준다. 이것은 승자가 여유를 갖는 배경과 같은 것이다.

여호와의 구원을 너 같이 얻은 백성이 누구냐 그는 너를 돕는 방패시요 네 영광의 칼이시로다 네 대적이 네게 복종하리니 네가 그들의 높은 곳을 밟으리로다 _ 신 33:29

이 사실을 환경과 고단함에 자주 잊어버리는 약함이 나에게 있지만 그 가운데서도 하나님의 긍휼 때문에 이 미로 같은 환경에서 빠져나갈 방법에 힌트를 얻게 된다.

산에 오르다 보면 길목마다 트인 전망이 나타난다. 그곳에서 지나온 길을 돌아보며 스스로 대견함과 지나온 아름다운 전경들을 보는 즐거움을 경험한다. 또한 앞으로 가야할 길을 보며 대비하는 충전을 얻는다. 주변을 보면서 제한된 시각에서 지친 몸과 마음이 넓어진 시야를 확보한 곳에서 새로움을 얻듯이 선교 여정에서도 시각이 달라지도록 상승해야 하는 지점들이 있으면 한다.

지상에서는 볼 수 없었던 것들이 상승하면 보인다. 언덕에서조차 나무들과 바위로 인해 볼 수 없었던 것들도 상승하게 되면 볼 수 있게 된다.

예전에 "1박 2일"이라는 국내 예능 프로그램에서 방영한 '지리산 종주' 편을 아이들과 보았다. 비록 화면이지만, 처음으로 나는 펼쳐진 영상이 그렇게 아름답고 새롭게 보인다는 것을 경험하였다. 어떻게 저런 장면을 촬영했을까? 방송에서 바로 답을 얻었다. '지미집'^{Jimmy Jib}이라는 장비를 사용하여 카메라를 상승시키니 피사체가 그간 보던 각도와는 완전히 달라진 그림으로 전해졌다.

최근에는 자주 드론이라는 장비가 사용되는 것을 본다. 드론은 길의 처음과 끝을 다양한 각도에서 보여 주며 시청자들에게 새로운 영상을 제공한다. 지미집이나 드론 둘 다 카메라를 장착하여 새로운 영상을 촬영하여 보게 하는 공통점이 있다.

사람도 두 눈의 시각을 달리하면 루틴Routine한 삶에서 고착된 시각을 바꾸어 줄 수 있지 않을까? 산을 오르거나 하는 물리적인 시각의 변화는 상승을 추구하는 것이다. 어쩌면 상승이란 하나님과의 친밀함을 의미한다고 할 수 있다.

하나님의 마음을 아는 것, 하나님의 시각을 구하는 것, 그분의 뜻을 알고 행하는 것. 이러한 것들을 거룩하신 하나님과 깊이 교제함으로 이룰 수 있다면 거룩함을 추구하기 위해 그분 가까이 더 가까이 상승해야 할 것이다.

그렇다! 거룩은 상승하는 것이다!

하나님 사랑의 깊이와 넓이를 경험하지 않은 제자는 하나님 뜻을 이해할 수 없다. 마치 요한복음 12장에서 보듯이, 주의 만찬 자리에서 예수님의 고별 설교를 이해하지 못하던 제자들처럼 말이다. 마음의 깊은 괴로움을 토로하시는 예수님을 그들은 그때는 알 수 없었다.

지금도 선교지 사람들 대부분은 하나님 사랑이 너무 크고 넓어서 이해하지 못하고 자신들의 세계관으로 제한하고 이해하려고 하지 않고 불신한다. 하지만 상승하여 얻은 시각으로 하나님 사랑을 경험하고 본 사람들은 달라진다. 이 사랑을 경험한 사람들의 이야기가 사명의 삶을 촉진하게 하는 것이다.

> 이러므로 우리에게 구름 같이 둘러싼 허다한 증인들이 있으니 모든 무거운 것과 얽매이기 쉬운 죄를 벗어 버리고 인내로써 우리 앞에 당한 경주를 하며 믿음의 주요 또 온전하게 하시는 이인 예수를 바라보자 … _ 히 12:1-2

'드론'의 시각은 하나님 사랑을 아는 데로 이끌어 준다. 그 사랑을 경험하면 함께 공감Sympathy하는 넓이가 생기게 된다. 하나님이 선교사들의 아픈 마음을 그렇게 공감하고 계심을 알게 되기 때문이다.

높은 곳에서 얻은 안목은 마음의 깊이와 넓이가 풍성하여 서로 힘Comfort을 준다. 하나님께서 지치고 외로운 선교 사역의 고단한 길을 사셨기 때문에, 그것이 어떠한 종류의 힘Comfort이라는 것을 아시고 공급하기 때문이다.

선교 사역은 주어진 일을 매뉴얼대로 하는 것을 포함하여 더 깊은 삶의 경지를 요구한다. 선교 사역의 열매는 사명을 성취하는 것이기도 하지만 주님 때문에 하지 않은 것절제이 되기도 할 것이다.

하나님의 도우심을 경험했던 다윗이 그렇게 소원하던 성전 건축을 하지 않은 것이 예다. 예수님은 십자가를 피하고 싶었지만 아버지의 뜻을 위하여 순종한 예를 주셨으며, 바울은 예정된 선교 여행의 계획을 기꺼이 수정하였다. 선교 사역은 종종 포기하거나 하지 않는 것을 포함하는 것이다.

높고 깊다는 것은 스스로를 제어하거나 제한을 받는 것에 자유한 영성이다. 성육신이 대표적인 것이다. 하나님께서 스스로 축소되고 제한을 받으신 것이니 말이다.

선교사의 삶과 사역이 이와 같이 성육신적인 것은 놀랍게도 축복이다. 하나님의 방법이기 때문이고 그 방법대로 하는 것이 가장 바른 방법이며 영광된 것이기 때문이다.

산을 오르며 '드론'의 시각을 배운 것은 바로 이러한 삶을 살기 위한 몸부림인지 모르겠다. 가끔은 일상 속에서 내가 하고 있는 일과 패턴을 살펴볼 이유가 있는 것은 그리스도인들에게는 사랑이라는 표준이 있기 때문이다. 왜곡되거나 구부러지거나 오차가 있는 표준을 갖지 않기 위해 상승을 구한다. 그것은 '거룩'이다.

늘 하던 대로 하다가는 내가 가진 표준에 오차가 있다는 것을 간과할 수 있다. 그래서 '드론'처럼 사랑이라는 잣대를 사용하여 나를 보고 싶다.

조만간 주변 선교사들과 함께 우리가 사는 도시 근처에 있는 산을 오르자고 연락해 보아야겠다. 참 다행인 것은 이 여정이 나만의 여정이 아니고 함께하는 동행이 있는 것이다.

동행은 번거로울 때도 있지만 여러 면에서 서로를 보완해 준다. 제동 장치가 되기도 하고 동력을 얻는 기름과 윤활제가 되기도 한다. 더불어 성장하고자 애쓰는 동료들은 삼위일체로 팀사역을 하셨던 하나님처럼 나에게 유익하다.

이번에 산을 오를 때는 또 하나님께서 어떠한 시각으로 나를 변화시키고 격려하고 힘을 주실지 기대된다.

아! 산행 중 지나는 숲과 바위와 오솔길과 계곡에서만 발견하는 아름다움과 평온함의 깊이가 남다르듯이, 선교의 삶도 일상에서 발견하는 작고 평범한 시간과 하루에서 얻는 아름다움을 결코 포기할 수 없는 축복이고 아름다움이다.

줌 인 앤드 아웃
- 선교 관점 살리기 -

1992년 봄, 아내 친구가 다니던 삼성전자에서 직원 할인을 받아 자동카메라 한 대를 싸게 구매할 수 있었다. 당시만 해도 대세였던 카메라는 디자인도 좋고 가벼웠다.

우리는 이 카메라를 들고 선교 훈련원에서 실시한 단기 선교 여행을 다니면서 신형 장비의 성능에 감탄했었다. 카메라에 설치된 기능 중 압권은 멀리 있는 것도 가까이 보며 촬영할 수 있는 기능과 가까이 있는 피사체도 선명하게 촬영이 가능한 마이크로 기능이었다. 만족도가 매우 컸던 우리 부부에게 이 카메라는 '애장품'이었다.

그 이후 27년의 세월이 흘렀고 우리 부부는 어느새 선교지에서 경력 꽤나 쌓인 선교사가 되었다. 세월이 흐르는 가운데 나의 선교를 바라보는 시각이 예전에 사용하던 카메라의 성능처럼 '줌 인 앤드 아웃' _{zoom in and out} 하면서 관점에 균형을 갖는 것이 슬기로운 선교사 생활에 매우 중요한 것임을 깨닫게 된다.

　오늘 이 글을 쓰고 있는 가운데에도 직분상 여러 국가에서 사역하고 있는 분들과 소통한다. 그러면서 현대 선교 사역은 홀로 하기가 점점 더 어렵고 연대와 협력을 위한 변화가 필요하다는 주제글에 대한 몇 분의 고충 담긴 답글을 접하게 되었다.
　"선교사님, 지금 제 앞에 있는 사역들을 감당하기에도 역부족입니다. 다른 것을 생각할 여유가 없습니다."

　그럴 것이다!
　선교사가 감당하는 사역과 삶의 무게는 항상 가볍지 않고 우리의 힘과 노력으로만 되어지기에는 너무 많은 외적 장애 요소들이 자리하고 있기 때문이다. 게다가 이러한 무거운 사역들의 짐들을 홀로 지고 가는 형편이라면 더더욱 다른 곳을 바라볼 여력 자체가 생기지 못할 것이다. 그래서 공감이 되고 이해가 된다.

　하지만 이 지점에서 조금 다른 생각을 해 보고 싶다. 이는 다른 관점이나 생각을 해 볼 여유도 없이 전력으로 충성을 다해 달리고 있는데, 목표에 이르지 못할 수 있을 가능성을 생각해 보는 것이다. 최선을 다했으나 방향이 어긋났을 가능성을 말이다.

"주님께서 원하시는 사명이라고 생각하며 수행하고 있는 지금의 신념과 활동이 혹시 검증이 필요한 주관적인 것은 아닐까?"라고 생각해 보자는 것이다.

현지 교회와 지도자들의 의견에 비추어 나의 태도가 미처 고려되지 못한 점은 없는지? 저들의 교회가 되도록 배려되어야 할 것들에 대하여 확인하고 논의될 부분은 없는지? 하나님 나라의 관점에서 준비되고 그 방향을 가지고 있는지에 대해서도 반추해 보는 것에 대하여 마음을 열고 잠깐의 여백을 갖는 것은 낭비가 아닐 것이다.

선교사의 삶을 살다 보니 나의 열심과 나의 인내 그리고 나의 생각은 중요할 수도 있고, 중요하지 않을 수도 있다는 확고함이 부족하다는 각성을 하게 된다. 이미 우리가 모두 아는 바와 같이 온전한 하나님의 열심과 인내와 생각을 따라 사는 것이 지혜로운 방식이 되어야 하기 때문이다. 그러면 바로 이런 질문을 할 수 있게 된다.

"어떻게 하나님의 온전하신 생각을, 그분의 열심을 알 수 있을까? 그것이 주관적이 아니라고 누가 확신 있게 대답해 줄 수 있을까?"

답은 없다! 그러나 발견할 수 있는 길은 있다. 하나님께서 주신 이성과 감성, 지적 능력 그리고 영성 있는 통찰력으로 관점을 '줌 인 앤드 아웃'하며 하나님 앞에서 나의 삶과 사역을 계속 반추할 수 있기 때문이다.

선교사는 부름을 받은 땅에서 말씀을 통해서 영적 새 힘을 공급받는다. 자주 찬양을 통해서 한 해를 살아갈 수 있는 원리와 격려를 얻기도 한다. 라디오와 TV 프로그램, 신문을 통해서 그 땅의 정치적·사회적·경제적 현실을 볼 수도 있다.

사람들과 만나 그들의 이야기를 듣는다. 믿는 사람과 안 믿는 사람 모두와 교제하며 통찰력과 친교를 나눌 수도 있다. 그들 삶의 이야기와 환경에서 세상의 필요에 민감하게 반응하고 하나님의 정의와 도덕과 사랑이 세상 가운데 비춰지는 영향력이 되어 하나님께서 영광을 받으시고 저들의 삶이 나아지도록 행동할 수도 있다.

가끔은 현지 교회 지도자들의 모임과 콘퍼런스로 달려간다. 그들과 대화를 나누며 저들의 영적, 사역적 필요와 선교사의 역할을 문의하고 상담한다. 선교사 대회나 세미나 그리고 책들을 통해서 세계 선교의 흐름과 세상의 트렌드를 살펴보기도 한다.

그리고 자발적인 혁신에 열린 자세를 갖고자 노력한다. 내가 파송될 당시의 문화적 언어와 지금의 문화적 언어는 상당히 바뀌어 있는 것을 발견하고 인정해야 한다. 소통을 원한다면 적응하고 적용해야 한다. 한 예로, 예전에는 전화가 오면 사람들은 전화기를 귀에 대고 "여보세요!"라고 했지만 지금 십 대는 전화기를 눈앞에 보며 손가락을 튕긴다. 이렇듯 세상이 빠르게 변하고 있고 각 세대에 맞는 언어 코드로 복음을 말하지 않으면 전달되지 않게 될 것이라는 생각을 해야 하는 시대가 되었다.

트렌드를 살피는 활동으로 우리는 줌 아웃 Zoom Out 해야 한다. 세상의 흐름과 가치 그리고 문화적 언어의 변화를 이해하고 하나님의 선교가 어느 방향으로 흘러가는지, 우리가 섬기는 그 땅의 교회 지도자들을 어떻게 돕고 협력하며 조력자로서 살 수 있을지 등 큰 방향을 볼 수 있을 것이다.

매일 일상의 삶과 사역은 큰 틀에서 보던 비전과는 다르게 답답하고 지루하고 제한이 많다. 하지만 그 안에서 영혼을 만나고 그들의 소소한 이야기를 들으며 진전이 없어 보이는 작은 복음을 위한 움직임을 매일 해 나가는 인내와 용기를 요구받는 줌 인 Zoom In 의 시간을 갖는다.

이와 같은 관점의 유연성은 나의 선교적 생각과 방향에 분명 도움이 되었고, 될 것이라 믿는다. 이런 관점을 살리면, 우리 일상이 아무리 보잘것없고 아무 일도 일어나지 않는 것 같아도 선교의 하나님의 장중에 있음과 섬기는 국가에 세워진 지도자들과 동행하는 성육신적 선교의 삶에 좀 더 다가가는 기회를 제공해 줄 것이다. 이러한 유형의 선교적 삶을 '삶의 선교'라고 할 수 있다.

그 동행의 길 위에서 우리는 순간마다 하나님을 만날 것이다. 그것은 삶의 예배다.

권위와 권력
- 영향력(Influence) -

Rather than having a power that controls people,

Please give us an authority

that touches people's hearts and lead them

to voluntarily participate without forcing them with power.

Help us obey Your words and Your authority.

Live with an authority rather than having a power.[1]

언젠가 위의 영문 기도문을 접한 적이 있다! 선교사로 살아가면서 참으로 갈망이 되는 영적 권위의 필요를 이 짧은 '시' 한 편에 다 녹여 낸 것 같아 큰 감동과 도전을 받았다. 최근의 현실에 반추해 보고자

---

1   이 영문 기도문은 마가복음 1장 16-34절을 바탕으로 하고 있다.

다시 꺼내어 읽어 본다.

나는 사도 바울의 마지막 선교지로 알려진 '일루리곤'롬 15:19에서 사역하고 있다. 그래서 사도 바울의 생애와 사역에 관심을 가지고 기회되는 데로 공부한다. 신약성경의 서신서를 읽으면서 선교 사역의 원리가 사람의 능력이나 스펙 혹은 배경으로 되어지는 것이 아니라는 것을 깨닫게 된다.

종종 나는 하나님께서 주시는 다양한 은사를 사모하고, 모세같은 하나님 영광의 광채의 권위를 구하고 다니엘같은 지혜를 구한다.
바울 역시 "이 일이 말과 행위로, 표적과 기사의 능력으로, 성령의 능력으로 이루어졌다(롬 15:18-19)."라고 로마서에서 고백하고 있으니 사도 바울에 비교할 수 없는 나는 더욱 이러한 은사를 사모할 수밖에 없는 것이다.
자주 더 많은 물적·인적 자원이 풍부하면 좋겠다고 생각하고, 권위의 자리에 오르면 사역을 좀 더 잘할 수 있을 것 같은 생각도 갖는다. 주님께서 보여 주신 것과는 상의한 생각을 계속하는 것이 내게는 쉽지 않은 내면의 다툼이다.

이전에 조국에서 들려온 두가지 뜨거운 이슈가 선교 사역 중인 내 마음을 아프게 했지만 교훈도 주었다.

첫 번째는 정규 뉴스에 소개된 귀신을 잘 쫓아내기로 유명한 S교회 아무개 목사의 성추문이다.당시 지상파 뉴스에 소개된 표현.

세상을 섬기라고 사람에게 주어진 은사로 얻게 된 권력이 사람들을 조정하고 이용하여 개인의 부와 쾌락을 위해 사용하는 힘권력이 될 때, 하나님과 사람 앞에서 받게 되는 부끄러움과 형벌이 무서운 것이다. 무엇보다도 사람을 살려야 할 자리에서 사람을 죽이고 망가트리는 나쁜 열매를 양산한 것 때문에 그 나쁜 힘의 영향력에 소스라치게 놀라게 된다.

두 번째 뉴스는 임기 최대 2년 정도의 장관 후보자에 대한 열띤 정치적·사회적 공방이다. 공정과 투명한 사회를 위하고 약자에 대한 명쾌한 발언과 글로 인기를 얻고, 적폐 청산에 대한 사람들의 기대감을 증폭시킨 사람이 개혁을 실행할 수 있는 권력의 자리 앞에서 자신도 모르게 그 삶의 새겨진 흔적이 그가 사용하고 추구한 언어와 다르게 배치되었다는 보도였다. 이에 그를 지지하던 시민들은 혼란과 낙심에 빠지게 되고 본인과 가족이 많은 괴로움에 빠지는 모습을 뉴스로 보면서 민망한 마음이 든다. 이로 인한 사회적 갈등과 불신 그리고 경제적 손실은 한 국가의 경영에 적지 않은 피해가 되지 않았는가?

늘 이러한 사회적 이슈에 관심을 가지고 뉴스를 보다가 문득 앞에 소개한 영문 기도문의 배경인 마가복음 1장에서 언급된 예수님의 사역에서 권위와 권력이 분명하게 구분되고 있음을 재발견하게 된다.

내게 주어진 직무에서 나는 어떤 자세로 일했으며, 주어진 권한이 진정 공동체를 위한 것이었는지, 더 나아가 하나님 나라를 위한 것이었는지, 사역이라는 위장을 덧씌워 나 자신의 욕심과 허황된 꿈을 이루려는 것이었는지를 돌아볼 필요가 있었다.

권력을 얻은 리더가 그 주어진 권력을 하나님의 영광과 사람을 살리기 위한 것으로 사용할 때 권력은 권위로 발전하는 모습을 예수님을 통하여 보게 된다. 그것이 따라야 할 본이라고 예수님은 제자들의 발을 씻기셨다요 13:14. 바울도 이 원리를 가지고 "그리스도께서 나를 통하여 역사하신 것 외에는 내가 감히 아무 말도 하지 않는다(롬 15:18)."라고 하면서 자신에게 주어진 여러 특혜와 자유와 권한을 다 사용하지 않는 이유가 영혼을 얻기 위함고전 9:19이라고 고백하고 있다. 이 장면을 기억하며, 예수님도 바울도 그렇게 사셨고 보여 주셨고 가르치셨으며 그런 삶을 살라고 도전하게 하신다!

권력Power보다는 권위Authority를, 권위는 영향력Influence이 되어 나와 주위를 살리도록 채근한다.

복음 전도자는 신뢰할 수 있는 참된 태도와 투명하고 예측 가능한 사역의 원리 가운데 섬김이라는 도구를 가진 일꾼이어야 한다. 사명은 하나님께서 주시는 은사와 성령의 능력으로 이루어짐을 항상 마음에 두며 겸손하고 충성을 잃지 않은 가운데 나이가 들며 쌓인 연륜은 성숙과 원만함이 드러나는 향기가 있도록 절제한다. 직분이 주는 권한이 높아질수록 지혜와 부드러운 마음과 분별력이 있도록 기도의 삶을 더해야 한다.

이렇게 나는 선교 현장에서 예수님처럼 바울처럼 살며 주님의 십자가의 흔적이 나에게 새겨지기를 소원한다. 그러면서 다시금 앞의 기도문을 읽으며 기도한다.

> 남을 복종시키거나 지배하는 권력Power보다
> 아무 권력이 없어도 사람들의 마음을 움직여 자발적 참여를 끌어내는
> 권위Authority를 허락하여 주소서.
> 하나님 말씀의 권위에 순종하고 성경 말씀의 권위를 세워 가므로
> 그 능력의 권위를 사용하게 하소서.
> _ 앞 영문 기도문의 번역

나이가 들수록 권세보다 권위로 살아가기를 꿈꾸며 삶의 구석구석에 적용해 보려고 몸부림치는 무명 선교사가 성찰할 수 있도록 귀한 시 "권력과 권위"Power & Authority를 주신 작가와 하나님께 감사 드린다.

선교의
품격

　최근에 한국에서는 요리사들이 대세다. 초기에는 맛있고 화려한 요리를 개성 있게 조리하거나 유명세를 타고 있는 사람들의 식당이나 요리가 방송을 뒤덮었다. 그런데 어느새 부터인가 쉬운 요리, 가성비가 좋은 요리, 맛있는 요리, 상생하는 철학을 가진 식당 운영 등이 부각되고 있다.

　그중 백종원이라는 CEO는 압권 중의 압권이라 생각되어 자주 그분이 출연하는 방송 프로그램을 보았다.

　수많은 화제와 이슈를 몰고 다니며 인간미와 어려운 대면을 서슴지 않는 그분의 행보가 예사롭지 않아 한국 방문 기회가 되면 그분의 얼굴이 그려진 식당을 다녀 보곤 했다. 일단 저렴하고 양도 충분하면서 맛이 있다. 이 정도면 모든 것을 갖춘 최고의 대중음식점이라 할 것이다. 그래서인지 사업도 번창하는 듯 보이며, 개인적으로도 대중들이 좋아하는 것 같다.

선교사는 그 출발선에서 백종원 대표가 주장하는 대중음식업에 대한 철학과 공유될 수 있는 공통분모가 있는 것 같아 나열해 보았다.

☐ 하나님에 대한 사랑과 감사로부터 나오는 충성
☐ 하나님 나라의 관점에서 잃어버린 영혼들에 대한 긍휼
☐ 예수님처럼 또 바울처럼 자기를 부인하고 살며 섬기려는 간절함
☐ 복음의 빚을 갚고자 노심초사 도전하는 정신
☐ 하나님을 예배하는 많은, 가능하면 더 많은 영혼을 보고자 하는 소원

선교는 맛있고 몸에 필요한 영양분을 제공하는 음식처럼 복음적인, 그리스도인의 삶에 필요한 본질적인 요소이며 살아 있는 성도의 일상이다. 허기와 영양을 채우기에 충분한 음식의 양처럼 선교는 전인적이며 성경적 가치의 풍성함을 드러낸다.

선교 사역과 삶은 쉬운 조리법처럼 단순하다. 가성비가 좋은 것처럼 복음적인 선교는 저비용 고효율성을 가지고 있다.

상생의 철학이 담긴 사업과 같이 선교는 언제나 서로를 이해하고 필요로 하며 협업하고 사람들을 세워 주는 정신 Spirit을 가지고 있다.

백종원 대표는 요식업을 하는 사람들을 진심으로 도와 주고 싶어 하는 것 같다. 그것이 단기간의 이익을 얻는 가치가 아니라 오랜 시간 맛과 친절로 승부하도록 해서 요식업이 사업자와 손님[사회]에게 기여 하게 하도록 유도하는 솔루션이 그 증거다.

그는 맛의 문제가 있다면 어디에서 문제가 일어나는지 관찰한 후 힌트를 주고, 장사의 견문을 넓히라고 제안한다.

맛있는 것은 맛있다고 잘 먹고, 배우고 싶다는 말과 조리법 배우 기를 주저하지 않는다. 이러한 그의 태도를 보면 품격이 있는 사람의 여유가 보인다.

그가 방송 뒤편에서 행하는 수많은 선행을 굳이 거론하지 않더라 도 편집의 예술인 방송에서 왜곡될 수 있는 수많은 변수와 사람들의 말[댓글]에 휘둘려도 그가 보여 주는 진실된 품격은 본질이 고스란히 전 달된다. 그리고 세상이 그것을 알아 보고 있다.

이러한 품격은 어디로부터 왔을까? 방송에서 그는 종종 본인 스스 로 수많은 사업 실패와 조리의 부단한 연습 결과라고 말한다.

선교를 준비하던 시절, 원치 않는 사고를 많이 겪은 우리 부부는 지독한 두려움과 슬픈 시간을 보냈다. 하지만 슬퍼하거나 잠시라도 주저앉을 마음의 여유가 없었다. 환경에 무너지면 선교할 수 없겠다 는 강박이 내 안에 있었기 때문이다.

고통스럽던 슬픔을 누르고 열심을 내어 사람들 앞에 나설 때마다 괜찮은 척했으며, 믿음의 모습을 보여 주려 했다. 나약해 보이지 않은 모습과 언어를 사용하였다.

"형제, 잠시 슬퍼해도 괜찮아요."
오랜 세월이 지나도 잊히지 않는 권면의 말이다.
당시 그 권면의 의미를 충분히 이해할 수 없었지만 나의 약함을 깨닫게 된 날, 나는 여러 날 동안 부끄러움을 느꼈다.

섬기는 나라가 내전에 준하는 사건이 터져 잠시 국내에 대피하였던 1997년 차가운 봄, 지금은 고인이 되신 고 박의근 목사님[1]은 간암 말기로 투병하고 계셨다. 목사님은 잠시 요양하시던 경기도의 어느 기도원으로 부르셔서 찾아뵈었다.

늦은 저녁, 기도원 숙소 방문을 열고 들어서자 복수로 가득 찬 몸 때문에 제대로 앉지도 못하시던 목사님은 반갑게 맞아 주시면서도 어렵게 말문을 여시고는 이야기를 하나 해 주셨다.

"김 선교사, 한 마을에 두 농부가 살고 있었어요. 한 농부는 소를 가지고 있었고 다른 농부는 소가 없었답니다. 농번기가 되어 농부들이 논에 벼를 심어야 하는 바쁜 철이 되어 소가 있던 농부는 소와 함

---

1 하나님을 깊이 사랑하신 파송 교회 담임목사셨고, 필자가 속한 침례 교단 후견인이셨다.

께 모내기를 마쳤습니다. 한데 이웃의 소가 없던 농부가 찾아와 일이 너무 고되니 일주일만 소를 빌려주면 모심기를 한 후 돌려주겠다 하여 소를 빌려주었어요. 일주일 뒤 이웃 농부는 약속대로 소를 돌려주고 갔는데 집으로 돌아온 소가 시름시름 앓더니 그만 죽어버렸어요. 왜 그랬을까요?"

목사님의 질문에 답을 궁리하던 나에게 미소를 지으시는 목사님은 이야기를 이어가셨다.

"김 선교사, 그 이유는 농부에게 있어요. 소의 주인 농부는 논에 나가 일하며 소와 이야기도 나누고 함께 쉬고 물도 먹이고 해가 져서 돌아오면 잘 쉬도록 마굿간에 여물도 넉넉히 넣어 주고 수고했다고 고맙다고 칭찬도 해 주며 소와 더불어 일상을 살았지요. 그런데 소를 빌려간 이웃 농부는 빨리 일을 마치려고 소에게 쉬지 않고 일만 시켰고 제대로 된 여물도 마굿간도 제공하지 않으며 혹사시키며 지쳐 머뭇거리는 소에게 채찍과 갖은 욕설로 다그쳤기에 지치고 탈진한 소가 그만 죽게 된 것이랍니다."

그러고는 목사님은 이렇게 다시 물으셨다.

"김 선교사, 우리 하나님 아버지는 소 주인과 같은 농부입니다. 김 선교사를 일만 시키려고 부르시지 않으셨고 혹사시키실 필요도 없는 분이세요. 그것을 믿지요? 그럼 어떻게 살아야 할까요?"

실수할 수 없고, 약한 모습을 보이는 것을 부끄러운 것으로 여기던 내게 목사님과의 대화는 나의 인생에 큰 울림이 되어 이후 내 삶의 방식에 전환점이 되었다.

사실 실수하는 것을 숨기려고 하거나 부끄럽게 여긴 나는 틀림없이 사람들에게 숨이 막히도록 압박하는 사람이었을 것이다. 오랜 세월을 그렇게 나 자신을 채찍질하고 다른 사람들에게도 동일한 기준을 요구하며 나 자신과 사람들의 성장 기회를 박탈했을 것이다.

하나님의 선교에 품위가 있다면 선교하는 사람들에게도 품격이 있다. 일반 직장이나 고위 공직자들에게는 품위 유지비가 따로 지급되어 조직을 이끌도록 하고 기업의 이미지를 상승시키게 한다고 알고 있다. 그것은 밥 잘 사고 직원들 회식비, 격려비 등 대외 관계를 위해 필요한 재정을 여유 있게 사용하라는 의미일 것이다. 하지만 품격의 본질이 돈만 잘 쓴다고 선한 영향력이 전달되고 업무의 효율과 신뢰 관계가 증진되지는 않을 것이다.

자신을 대면하는 고통에 도전하고, 자유를 얻은 사람은 더는 자신이 좋아하는 데로만 살지 않을 것이다. 종교인들이 종종 전도라는 명분으로 영적 횡포를 가하는 것은 그들이 그리스도인이 아니라 종교인이기 때문이다. 그 행위가 기독교의 품격을 떨어지게 하는지 전혀 고려하지 않는 것이다. 하나님 나라가 아니라 자신의 종교심과 속해 있는 지역 공동체에 시선과 마음이 머물러 있는 이유다.

오른손이 하는 일을 왼손 모르게 하는 것이 품격 있는 복음적 선행이지 않겠는가? 가장 귀한 선행은 복음을 나누어 잃어버린 영혼이 구원을 얻는 것이며 그들의 삶의 질이 구체적으로 상승하는 것이다. 선교는 소리가 안 나도, 보여지지 않아도 그 향기는 숨겨질 수 없다는 것이 품격이다.

내가 무엇 때문에 가까운 분들에게 위와 같은 권면을 들었을지, 그 배경을 생각하면 소름이 끼칠 정도로 서글픈 인간미와 자기애가 발견된다. 선교라는 명분으로 나의 열심에 몰입되어 있던 내게 그리스도께서는 긍휼로 교훈하셨고, 나를 볼 수 있도록 천사들을 보내 주셨다. 쓰고 버리는 소가 아니라, 농사를 위해 이용하는 소가 아닌, 나에 대한 하나님의 관심 그것은 긍휼의 품격이다.

나는 특별한 은사를 하나님으로부터 받았다. 선교지마다 사람들의 관심을 얻을 수 있고, 가르칠 수 있는 공적 자격을 가진 것이 그것이다. 나는 공인된 국제 지도자이며 주어진 권한이 국가를 넘어서는 특권을 가진 전문인으로 어디서나 환영을 받으며 다양한 모임에 강사로 초대받고 후한 대우를 받는다.

그렇지만 나는 이러한 은사와 자격을 이용해서 사람들에게 조건부 전도를 하지 않기로 작정했다. 복음은 세상의 그 어떤 것과, 심지어 맘몬의 이 시대에 돈으로도 비교되거나 거래될 수 없는 품격이기 때문이다.

부수적인 것이 본질과 대비될 수 없듯이 나의 대단한(?) 은사와 전문성 역시 복음 앞에서 부수적인 것이다. 그래서 복음을 위한다고 온전하지 않은 나의 전문성으로 혼란을 초래하지 않으려고 조심한다. 예수님께서 보여 주시고 나누어 주신 수많은 기적이 예수님을 대신할 수 없듯이 말이다.

전문인 선교 시대에 선교지마다 전문인들이 환영을 받는 시대가 된 것은 너무 감사한 일이나 복음이 꼭 효과적이고 쉽게만 전해지는 것이 정답일까? 스스로 질문해 본다.

얼마 전 회의 차 방문한 중동의 한 국가에서 C국 사역자들을 만나고 회개하는 일이 있었다. 일정에 지쳐 있었고 새벽 3시에 출발하는 비행편이었기에 마지막 모임을 마친 저녁 10시 가까운 시간, 출국 전까지 쉴 수 있는 공간을 부탁하였다. 늦은 시간인데도 센터에서 사역하고 있던 분들은 생면부지인 우리 내외를 환영해 주고 편안히 쉴 수 있도록 배려해 주었다. 감사한 마음에 센터 사역을 위해 약간의 헌금을 하려고 했다.

"저희 돈 있습니다. 복음을 전할 자유가 없을 뿐입니다! 그것을 위해 기도해 주세요."

헌금 봉투를 든 나의 손이 부끄러웠고 하나님 나라 가족의 교제, 그 놀라움에 멈칫할 수밖에 없었다. 새벽 1시, 공항까지 배웅해 주신 그분들을 잊을 수 없다.

이분들을 소개해 준 선교사님께서 "C국 교회는 선교 사명을 수행할 때, '복음 중심-증거간증-십자가의 도교난-성령충만'이라는 모토로 사명의 길에 나선다."라고 소개해 주셨다.

품격이 느껴지는 증언이다! 내가 잠시 잊어버린 가치가 아닌가? 다시 복음의 야성으로 서야 할 품격을 가져야 할 영역이다.

사도행전 29장의 역사가 이어질 선교 현장은 지나간 28장의 역사와 다를 바가 없을 것이다. 그러기에 선교의 품위는 복음의 가치들로 채워져야 한다.

이제 다시 선교사들이 일반적으로 갖는 공통분모로 돌아가 보자.

☐ 선교의 품격은 하나님에 대한 사랑과 감사로부터 나오는 충성이다.
☐ 선교의 품격은 하나님 나라 차원에서 잃어버린 영혼들에 대한 긍휼이다.
☐ 선교의 품격은 자기를 부인하고 살며 섬기려는 간절함이다.
☐ 선교의 품격은 복음의 빛을 갚고자 노심초사 도전하는 혁신의 정신이다.
☐ 선교의 품격은 하나님을 예배하는 영혼들을 보고자 하는 소원이다.

그리고 선교의 품격은 '약함-실수-성장의 시간들-내면과의 대면들'이 복음으로 비추어져 무지갯빛 스펙트럼으로 성장이 드러나는 것이다.

세상이 감당할 수 없는 믿음의 품격, 그것은 세상 사람들도 알고 기대하고 이해하는 상식과 감동이 있는 기독교만이 나누고 보여 줄 수 있는 드러난 진리다.

> 내가 이미 얻었다 함도 아니요 온전히 이루었다 함도 아니라 오직 내가 그리스도 예수께 잡힌 바 된 그것을 잡으려고 달려가노라 _ 빌 3:12

전도,
그 소중한 특권

2015년, 우리는 한국에서 2년여간 본부_{Home Assignment} 사역을 하는 시간을 보내게 되었다. 그 기간에 유난히 삶이라는 단어를 자주 들을 수 있었다. 매우 매력적으로 다가오는 단어였던 것으로 기억한다.

그리스도인 삶의 변화와 방식에 대한 메시지는 선교계는 물론 일반 기독 교회 안에서 설득력이 있었다. 나 역시 그 용어 본질의 의미를 귀하게 여기며 각성하고 도전하게 되었다.

90년대 초, 개인 전도를 훈련하고 배울 때 우리는 몇 가지 방법을 사용하였다. 『사영리』 소책자를 사용한다거나, 다리 전도법을 사용한다거나 전도 폭발이라는 도구 훈련을 받은 것이 그것이다.

선교 훈련 중 전도는 친구를 사귀거나 가가호호 방문하는 축호逐戶 전도를 하거나, 거리와 대중교통을 이용하여 전도하는 것으로 훈련을 삼기도 하는 등 지금 돌아보면 당시에는 그 방식이 일방통행적이었다고 할 수 있겠다.

시대적인 배경을 무시해서는 안 되고 또한 이러한 방법으로 그리스도를 만나는 일들이 적지 않았던 것도 사실이다. 하지만 결론적으로 일방적인 전도 모습을 대하는 세상의 관점에서는 그렇게 말하는 대로 사는 그리스도인을 실생활에서 자주 더 목격했으면 더 설득력이 있었을 것이라고 생각하게 된다.

전도하는 방식과 도구가 무엇이던, 그 효과와 효율성을 떠나서 세상은 그리스도인들을 향해서 뭔가 좀 다른 삶을 사는 것을 보여 달라고 요청하는 메시지를 보내고 있다. 이에 대하여 더 이상 외면할 수 없다.

그리스도인은 성경으로 돌아가려는 각성으로부터 출발해서 '삶으로' 복음을 말해야 한다. 그것은 전도라는 가공된 매뉴얼을 제시하는 행위보다 더 소중한 성도의 본질적인 삶에 대한 이야기다.

세상과 구별된 삶, 하나님을 경험한 삶이 수반되지 않은 어떤 행위도 종교적일 뿐 복음적이지 않기에 그러한 상태에서의 전도는 상업적일 가능성마저도 배제할 수 없다.

최근에 서점에 가 보니 삶이 들어간 책이 여럿 보인다. 선교한국에서 실시하는 훈련에서도 '삶의 선교 학교' Life As Mission School 를 운영 중이고 여러 선교 강좌에서 삶의 선교를 다루는 강의가 늘어나고 있다. 이것은 열심히 선교하던 우리가 선교 방법론에 함몰되어 선교의 본질을 잠시 잊었고 다시금 각성하는 단계로 방향을 선회하고 있다는 증거다.

1996년, 나는 현지에서 처음 태권도를 소개하고 언론의 조명을 받게 되어 나름 현지에서 유명세를 타게 되었다. 의도한 것은 아니었지만 주어졌고 그 덕분에 태권도를 배우고자 찾아오는 사람들이 무척이나 많았다. 그중 처음 전도를 시도했던 형제 이야기가 항상 나에게 각성을 준다.

어느 금요일 저녁, 대학생들로 구성된 태권도 클래스를 마치고 평소 눈에 띄고 마음이 가던 대학교 3학년 학생이었던 게니스Genis에게 물었다.

"토요일, 별일 없으면 우리 집에 놀러 올래?"

토요일 오전 10시경, 집을 찾아온 게니스와 거실에서 약간의 다과를 나누다가 작정한 전도를 시도하였다. 당시 현지어가 많이 부족했던 터라 한국어 성경과 영어 성경 그리고 알바니아어 성경을 펼쳐놓고 다리 전도법을 사용하여 복음을 전했다.

하나님께서는 목적을 가지시고 이 세상을 창조하시고 하나님의 형상을 따라 인간을 만드셨습니다.

인간은 죄로 인하여 하나님과 분리되고 그 죄의 값은 사망을 가져왔습니다. 사망 이후에는 하나님의 심판이 있습니다.

하나님께 버림받고 죽을 수밖에 없는 인간은 그 어떤 방법으로도 자신을 구원할 수 없습니다.

하지만 하나님께서는 큰 사랑으로 길이요, 진리요, 생명 되시는 독생자 예수님을 보내셔서 십자가에 죽게 하심으로 인간의 죄의 값을 치르시고, 죄로 갈라진 하나님과의 관계에 구원의 생명의 다리가 되게 하셨습니다.

이제 인간은 자신이 죄인이며 생명의 소망이 끊어진 것을 깨달아 회개하고 구원자 예수님을 영접하면 영원한 구원의 생명을 얻으며 하나님의 자녀가 되는 특권을 가질 수 있습니다.

1시간 30여 분 정도 걸렸던 것 같다. 복음을 다 소개하고 결단의 질문을 하였더니 게니스는 예수님을 자신의 구주로 영접하겠다고 대답해 주었다! 나는 너무 기뻐서 함께 영접 기도를 한 후 교회 예배로 초청했다.

그렇게 1년간 양육하여 세례를 받게 된 게니스는 간증을 하면서 처음 복음을 듣던 1년 전 그때 이야기를 했다. "예스!"라고 하지 않으면 안 끝날 것 같아 예수님을 영접하겠다고 했다며, 유명한 태권도 선생님이 자신의 집에 초대해 주어 뭔가 특별한 기술을 가르쳐 주는 줄 알았는데 성경 이야기만 듣게 되어 실망스런 날이었다고 간증했다. 그 자리에 함께 모인 사람들이 크게 웃었다.

진지한 게니스는 1년간 양육을 받으며 너무 귀하게 성장했고 세례를 받은 이후에도 꾸준히 성장했다. 결국 대학을 졸업하고 성경 학교와 신학대학원을 졸업하여 나와 십수 년 동안 교회를 섬기다가 한 교회의 청빙을 받아 목회를 하고 있다. 현지 교회협의회에서도 중요한 역할과 영향력 있는 목사가 되었다.

이 이야기는 여러 실패 속에 있는 몇 안 되는 해피 엔딩이다. 만약에 내가 무례한 모습으로 지위를 이용해 강압적으로 복음을 전하고 우리 삶이 그리스도인의 분량으로 성장하려는 노력과 더불어 살지 않았다면 어땠을까? '삶'의 선교를 고민하는 지금 돌이켜 보면 선교사는 역시 그의 입으로 전하려는 말과 더불어 매일의 일상을 함께하는 가운데 그 말의 실체를 보여 주는 삶의 과정을 가는 사람들이라는 결론에 다가선다.

삶의 선교, 삶의 예배, 삶의 …. 이 주제가 강조되면서 언어로 전해야 하는 증인의 메시지가 소홀하게 여겨지지 않았으면 좋겠다. 이것이 아니면 저것이 되어버리는 이분법적 선전은 곤란하다.

전도하는 사람들이 그리스도인의 삶을 살지 않고 전도 메시지처럼 살지 않는 것 때문에 세상은 낙심하고 기독교를 비판한다. 그런다고 그 메시지와 증언되어야 할 언어적 전달 내용이 문제가 있는 것은 아니다. 전하는 자들의 연약함과 성장 없음과 이기심과 헌신하지 않음과 겉모양만 취하는 것이 문제의 핵심이다.

나는 선교사로 살아가면서 무척이나 완벽주의적인 모습을 취하려는 의지를 가지고 있다. 그러다 보니 내면에 온전히 나의 것이 안 된 것을 겉으로 표현하려고 할 때 발생하는 어색함이 있다. 흉내는 발전을 가져오지만 흉내를 내기만 하고 자신의 것으로 내면화하지 않으면 이내 들통나게 되고 부끄러움을 당하기 마련이다.

선교사 흉내, 직업적으로 거룩한 흉내는 자기도 못하는 것을 남에게 지우려는 결과를 초래한다. 그렇게 선교를 의무적인 것으로 여길 때, 큰 부담을 갖게 된다.

선교는 자신이 경험한 것을 그래서 변화되는 자신을 보여 주고 증언하는, 의외로 쉽고 자연스러운 것이다. 그것은 신념이 아니라 신앙이며 그래서 선교는 하나님을 만난 사람들만이 할 수 있는 보통의 일이면서도 특별한 영역이다.

이 말은 하나님을 만난 사람은 누구라도 선교사라는 의미도 된다. 사람은 자신이 사랑하고 미친 것을 숨길 수 없기 때문이다.

최근에 자주 오르내리는 '삶'이 수반되는 예배와 선교를 전적으로 동의하고 추구한다. 유행이나 트렌드가 아니라 사실이고 성경이 가르쳐 주는 내용이다. 예수님께서 이미 그렇게 사셨고 그렇게 자신처럼 나에게도 살라고 하셨기 때문이다.

말만 유창하고 내용이 없는 것도 문제이지만, 내용 있는 말이 유창한데 그렇게 살지 않는 것은 거짓이고 이율배반적인 것이기에 너무 위험하다.

말하는 대로 살고 싶고, 일치된 삶을 사모한다. 그렇게 살면 말하지 않아도 전해질 것이다. 한마디도 하지 않았지만 그 내용이 고스란히 전달되는 삶을 우리는 주변에서 보고 있다. 그 어떤 방식보다도 힘이 있는 언어이며 전도이다.

그렇지만 나의 더딘 성장과 인간으로서 약함은 말하는 대로 사는 것이 녹록하지 않은 것을 고백할 수밖에 없다. 더딘 성장은 시간이 필요하다. 성장이 다하도록 전도하지 않을 수 없는 것은 그 더딘 성장의 과정 속에서도 하나님의 사랑이, 그 말할 수 없는 예수님의 은혜가 매 순간 삶에서 북돋아지니 실패를 통해서도 전하게 된다.

내가 만나게 된 예수님은 누군가의 소중한 인생에 의해 내게로 찾아 오셨다. 그러니 내 삶을 다해 전도한다. 그 소중한 특권과 책임을 어찌 내려놓겠는가!

5장

주목받아야 할
선교 전략

From Mission to Missional Life

　선교 사역에 군대가 전쟁에서 사용하는 전략이 필요하다는 말을 처음 접했을 때 느꼈던 진지했던 각오를 돌이켜 본다. 그때마다의 환경을 보고 떠오르는 생각대로 실행하는 선교 사역을 마구잡이 선교 사역이라 여기고 선교에도 전략적인 접근이 필요하다는 도전은 참으로 의미 있는 많은 변화를 촉진시켜 주었다.

　전략이 갖는 일반적인 구조는 이렇다. 선교 사역 실행 전, 지역 연구Research를 실시하고, 사회 통계를 참고한다. 지역 역사를 공부한 후, 토론과 합의를 거쳐 구체적인 계획을 세우고 역할을 분배한다. 사역의 한계와 목표와 목적을 설정하고 기간과 예산 그리고 인적 자원의 동원을 고려한 후 실행한다. 끝으로 중간 평가와 조정한다.

　이는 선교 사역에 불필요한 중복 투자를 없애고 오류를 줄이며 인적, 물적, 영적 자원의 집중력을 높여 준다. 공신력과 투명성 있는 사역을 하게 하고 실행자인 선교사들을 다양한 형태의 실패와 탈진으로부터 보호하는 효과를 얻게 한다. 물론 객관적인 평가도 가능하게 해 준다.

전략은 움직이는 유연함의 특징이 있다. 판에 박힌 매뉴얼로 사람과 지역과 문화와 역사의 특징을 무시하고 일방적으로 적용하지 않게 한다. 성경적 원리와 공동체의 언약이라는 큰 틀 내에서 얼마든지 유연하게 변화를 줄 수 있다.

전략은 선교 사역의 최종 목표인 하나님 영광을 위한 영혼 구령과 더불어 건강한 사회를 세운다. 교회가 교회되게, 그리스도인이 참된 삶을 돕도록 전문가들과 현지 관계자와 학자들과 선교 지도자와 목회자들의 협업으로 설계된다.

그간 우리의 선교 전략은 몇 가지 점에서 고착되어 있다는 선입견이 있다.

첫째, 나는 선교사로 준비되면서 아주 많은 양의 선교사 열전을 읽었다. 그 아름다운 이야기들에 큰 감동과 은혜를 얻었고 삶의 원리를 배웠다. 하지만 어린 나는 선교 영웅심이라는 선입견을 갖게 된 것도 부인할 수 없다.

둘째, 내가 생각한 선교 사역이 교회 개척을 목표로 전도와 회심에만 치우친 면이 없지 않다. 내가 전문인 선교사임에도 그러하다. "선교 사역의 꽃은 교회 개척이다!"라고 확신했고, "선교는 이것이다!"라고 확고하게 감히 말했었다.

셋째, 선교사는 이런 모습을 가져야 한다는 선입견이 있다. 선교사라고 하면 떠오르는 모습과 태도가 있다. 메시아를 기다리던 유대인들이 아기 예수님으로 오신 메시아를 알아보지 못하고 인정할 수 없었던 이유가 내가 가졌던 것과 유사한 선입견 때문이 아니었을까?

이제 인간적이고 제한된 선입견을 깨고 제대로 주목해야 할 선교 전략을 이야기해 보자.

조명 밖으로 물러나는
사람들

선교의 삶을 살다 떠오르는 여러 가지 질문이 있다. 사람마다 차이가 있겠지만 나의 경우는 대략 이런 것들이다.

"내가 지금 하고 있는 일들은 지금 이 땅에 유익한 일인가?"

"언제까지 어떤 역할을 해야 할까?"

"그 다음은?"

어쩌면 개인적으로 나의 안위를 생각해서 이같은 질문을 했을 수도 있지만, 이 질문들은 늘 나의 역할이 이 나라와 섬기는 현지 교회들과 성도들에게 누가 되지 않아야 되겠다는 마음에서부터 출발한다. 할 수만 있으면 건강하고 성경적이고 바른 선교 사역과 삶을 살고 싶기 때문이다.

그런 와중에 얼마 전부터 향후 내가 해야 할 의미 있는 사역들에 대해 구체적인 도전을 받게 되었다. 즉시 기도하며 입을 열자, 함께 하려는 사람들이 구성되고 관련 기관들의 협조가 일어나며 재정도 생기게 되었다.

당연히 나는 "하나님의 일하심이다!"라고 탄성을 지른다. 그리고 기도 서신에 '두 가지 새로운 비전으로 남은 달음질을 하겠다.'라는 소식을 나누었다.

그 두 개의 비전은 객관적인 위원회의 검증을 거쳤고, 이 지역의 여러 동료와 공유하여 공감을 얻었다. 그리고 우리 부부의 나이로 보아 남은 열정을 쏟아붓기에 적절한 것이다. 이러다 보니 구체적인 실행 로드맵Roadmap을 작성했고 동시에 기도해 주시는 여러 분들에게 소식과 구체적인 기도 제목을 띄웠다.

프로젝트가 순항하고 있는 가운데, 주님께서 한 사람을 통하여 다음과 같은 질문을 추가해서 해 보라고 하신다.

☐ 선교는 작은 시작과 큰 영향력으로!
☐ 저비용 고효율의 구조를 만들어서!
☐ 우리의 부담이나 비전이 아니라 그들의 비전을 확인하여!

"선교사님의 사역은 이 추가 질문에 대한 통찰을 하시고 또 이에 합치合致하는지요?"

이 질문을 붙들고 하루를 고민하고 계획을 다시 살피고 있다. 깊은 통찰력과 겸손한 태도를 요구하는 질문들이었고 질의하는 분의 애정이 느껴진다.

최근 한국 선교계로부터 '출구 전략'이라는 용어를 자주 접하고 있다. 이는 일부 선교지에서 비자발적으로 철수하는 선교사들이 급격히 늘어나면서 대안을 찾는 과정 중에 인용하여 사용하는 용어라고 한다.

선교사가 현장을 떠나는 방법과 과정에는 여러 차이가 있을 수 있을 것이다. 우선 선교사는 이민자가 아니다. 선교사는 투자자도 아니다. 선교사는 여행자와 유사하지만 이주민 같이 여겨진다. 선교사는 순례자다.

나는 개인적으로 '순례자'라는 이 단어를 좋아한다. 이런 사람들은 머물지 않는다. 어떤 분들은 그 땅에 묻히기도 하지만 대부분 임기를 마치거나 하나님의 다른 인도를 받는 전략적인 이유가 생기면 현장을 떠나야 하는 사람들이다. 이들은 항상 현장에 거하고자 소원하지만 늘 떠날 가방을 곁에 두고 살아간다.

나는 선교사는 선교라는 무대에서 가장 빛나는 순간에 현지인에게 그 자리를 내주는, 스스로 무명의 배우가 되는 사람들이라고 주장 한다. 선교사의 삶을 마라톤에 비유하면 길잡이 Pace-maker 와 같은 역할을 하는 사람들이다. 주인공은 이미 정해져 있고 그 주인공이 빛나도록 좋은 기록을 내도록 해 주는 사람, 즉 '페이스메이커', 이것이 선교사의 역할과 매우 유사하다.

"왜 그래야 하나?"

"어떻게 그런 삶을 자발적으로 사는가?"

답은 의외로 간단하다.

"구주이신 예수님께서 그렇게 하셨으니까!"

성경을 알고 믿음을 가진 사람들은 누구나 할 것 없이 이와 같은 태도를 견지하고 세상을 살아가고 있다고 믿는다. 선교사는 더 말할 것도 없을 것이다.

선교 사역을 실행할 때에 중대하게 고려해야 할 것이 성육신적 방법이라면, 선교는 다시금 이런 질문 속에서 그 방법을 찾아야 한다고 성찰하자.

"사역에 대한 비전이 나의 것인가? 아니면 저들의 것인가?"

"나의 것은 주관적이고 저들은 아직 어리고 비전을 발견하지 못하고 있다면, 어떻게 우리를 향한 하나님의 비전이 성취되도록 해야 할까?"

고민으로 몸부림치는 태도에서 성육신적인 선교의 첫발을 떼게 될 것 같다.

남서울교회 화종부 목사님께서 선교계에 이런 말씀을 나눈 적이 있었다고 한다.

"지금 우리가 사는 시대는 복음의 확신과 능력을 믿는 믿음이 아니라, 복음을 전하는 방법에 지나치게 몰두하고 있는 것 같다."

같은 맥락에서, 현장을 사는 선교사는 주어진 소명 앞에서 다시 한번 사람의 방법이 아닌 하나님의 방법이 작동되도록 나를 숨긴다. 땀과 수고와 눈물과 인생으로 녹아진 화려한 무대의 조명 밖으로 기꺼이 물러난다. "나는 없어도 당신_{주님}이 계시면 나는 언제나 있습니다."라는 노래 가사처럼 빛이 없어도 환하게 다가오실 주님을 기대하고 불확실한 미래를 향해 믿음의 용기를 얻어 한걸음 더 내딛는다.

사도 바울이 보여 준 선교 방식과 태도가 약하고 불안해하는 나에게 용기를 준다.

그리스도께서 이방인들을 순종하게 하기 위하여 나를 통하여 역사하신 것 외에는 내가 감히 말하지 아니하노라 그 일은 말과 행위로 표적과 기사의 능력으로 성령의 능력으로 이루어졌으며 그리하여 내가 예루살렘으로부터 두루 행하여 일루리곤까지 그리스도의 복음을 편만하게 전하였노라

_ 롬 15:18-19

사랑이 목적이다
- 대인 관계 -

비가 오는 티라나의 겨울은 을씨년스럽기만 하다. 숨구멍이 열린 듯한 집의 벽과 창틀 사이로 들어오는 찬바람과 바닥의 냉기가 혼합되어 온 집안에 퍼지면 무엇이든 축축해진다. 특별히 겨울비가 오는 날은 습한 냉기가 온 집 안에 가득하고 곰팡이가 창궐한다.

외부 온도 영하 1-2도, 실내 온도 영상 15도의 날씨 환경에 말도 안 되게 축축한 추위를 이기려고 집 안에 프로판가스통을 가져다가 연결한 스타비자토르[1]를 켜 놓으면 순식간에 따뜻해진다. 하지만 이내 메케한 가스 냄새가 집 안 공기를 오염시킨다.

창 밖을 보니 이웃집 지붕의, 이끼가 가득한 낡은 기와 위로 떨어지는 빗방울 소리가 오늘따라 마음을 우울하게 한다.

---

1   프로판가스를 사용하는 선풍기 모양의 난방기.

오늘은 특히 아버지가 너무 보고 싶어진다. (어려서부터 아버지를 그리워하던 습관이 오랫만에 발동했다.) 오늘 안 보면 딱 죽을 것 같이 마음을 조여와서 "주님! 주님!" 낮은 읊조림을 이어간다.

매일같이 사람들을 만나고 교제하고 일하고 있지만 사람이 고프다. 진정 마음이 통하는 사람, 안전한 사람, 예측이 가능한 편안한 사람이 고프다.

선교지 환경이 낯설고 불편한 것을 믿음으로 극복하고, 사랑으로 극복하고, 사명으로 극복하고 살 수 있다. 때로는 무엇이든 느리게 진행되는 따분한 이곳의 환경이 빠름에 지친 우리 삶에 도움도 되지만 답답함에 정말 스트레스가 될 때도 많이 있다. 잦은 정전과 단수도 할 말이 많은 이야깃거리지만 징징대는 불평 같아서 접는다.

웃프게도 사람에 대한 그리움은 극복하기가 여간해서 쉽지 않다. 하나님은 이렇게 약한 나에게 어떻게 이렇게 중대한 사명을 맡기셨는지 미스터리Mystery다.

어느 날, 어떤 분이 나를 다른 분에게 소개하면서 친구라고 하였다. 기분이 좋아졌다. '내가 아니라 이분이 나를 친구로 생각하는 구나!'라고 곰곰이 생각해 보니 나를 친구라고 부르는 이분에 대해 아는 것이 그리 많지 않았다. 만남의 빈도도 그리 오래되지 않았고 '그래도 친구가 될 수 있겠지!'라고 또 자기 최면을 걸어 본다.

이곳의 국제선교사협의회에서 만난 한 미국인은 만날 때마다 나에게 너무 친절했다. 나를 "형제!"라고 부르며 화통하게 대해 준다. 나는 그의 친밀함에 기쁨으로 자주 농담도 하고 대화를 나누었다.

어느 날, 집에 방문해 달라 해서 약속한 시간에 맞추어 그의 집으로 가 초인종을 눌렀다. 그럼에도 아무 인기척이 없기에 두어 차례 더 초인종을 누르면서 '고장인가?'라고 의아해 하고 있었다. 그런데 대문을 열고 나온 그 사람은 덜컹 화부터 낸다. 왜 초인종을 여러 번 누르냐고 타박한다.

이유가 있었을 것이다. 마침 그 순간 스트레스가 있었을 수도, 초인종 문제로 어떤 문제를 경험했을 수도 있다. 하지만 친구를 대하는 태도를 기대했던 나는 당황했다. 그렇게 그와 소원해지면서 친교를 한다는 의미에 회의감을 갖게 되었던 적이 있다.

최근에 서울의 한 교회 청년부에서 신앙생활을 하고 있는 딸아이가 물어본다.

"아빠, 왜 교회는 처음 만났는데 형제, 자매라고 불러요? 서로 만난 지 몇 시간도 안 지났는데, 서로에 대해서 무엇을 안다고 자매라고 부르며 다가오는 사람들이 부담스럽고 예의에 벗어나는 것 같아요."

나는 단 한 번도 생각해 보지 않은 질문이다. 당연히 그렇게 하는 것이라는 인식으로 충만해 있었다. 심지어 나는 아내를 교회에서 만나 결혼한 이후에도 한참이나 자매라고 불렀기에 딸아이의 질문에 살

짝 놀랐다.

나는 의연한 척, 공감한다는 듯 설명했지만, 하고 나서 속으로 허접한 답이라는 궁색함을 감출 수 없었다.

선교사로 살면서 자주 발견하는 대인 관계의 이면에는 시소 놀이 같은 면이 있다. 시소를 타려면 양쪽에서 서로 배려해서 발을 차 주거나 몸무게에 따라 자리를 이동해 주어야만 서로 즐겁게 놀이를 즐길 수 있다. 하지만 상호 균형이 맞지 않을 경우, 누군가 상대를 위해서 배려해 주어야 하는 여건의 경우, 선교사는 종종 양보와 배려의 자리에 서는 것을 선호한다. 그래야 상대가 이 놀이를 즐길 수 있기 때문이다.

이 놀이를 위해 기꺼이 배려와 양보를 한 선교사는 어느 순간 상대가 자신을 내려다보는 위치에 올라가 있는 모습을 발견할 때가 있다. 배려와 양보는 어느 순간 상대의 권리가 되고, 배려한 사람은 의무를 가지게 된 형국으로 변질된 것이다.

아프고 낙심이 일어나는 순간을 예상하지 못하고 있다가 직면하게 된다. 방심하고 있다가 결정타를 맞아 링 밖으로 나가 떨어진다.

어떻게 그런 일이 일어날 수 있을까? 이런 일은 의외로 빈번하게 선교사와 현지인과의 관계에서, 동료와 동료와의 관계에서, 선행을 나눈 타인과의 관계에서 일어난다. 때로는 내가 가해자이고, 때로는 내가 피해자가 된다. 피해자일 때보다 가해자일 때 가해자라고 깨닫지 못하는 경우가 다수 있다는 것은 인생의 숙제이고 가련한 나의 자존심이다.

어쩌면 대인 관계에 있어서 친교의 외모를 가진 친목을 하고 있는 것은 아닌지 모르겠다. 과업 중심 사회의 경향에 휩쓸려 자신도 모르는 사이에 진정 원하는 교제와 친교코이노니아에 이르지 못하고 쉽고 빠르게 무엇인가를 얻으려고 사람들과 관계를 만들고 있지는 않을까? 경쟁 사회에서 길들여진 나는, 우리는 교제 역시 경쟁적으로 취급하고 있지는 않은지? 이렇게 친목을 하는 결과는 그 관계가 아주 쉽게 끊어지는 특징이 있다. 만약 우리의 관계가 쉽게 얻고 쉽게 끊어져도 아무렇지 않다면 그것은 친교가 아니라 친목일 것이다. 그렇게 판단해도 무방할 것이다.

그럼 교제의 의미는 또 친구의 의미는 어떤 특징이 있을까? "친구"라는 영화에서는 서로를 위해 위험을 불사하는 내용이 있다. 친구를 위해 죽을 수 있다는 것은 그 관계가 얼마나 깊은 것일까? 서로를 얼마나 잘 알고 이해하고 좋아하면 그렇게 할 수 있을까?

요한복음 15장에 예수님은 우리를 포도나무 가지라고 비유하시면서 13-17절에 친구라는 표현으로 예수님과 제자들의 관계를 설명해준다.

사람이 친구를 위하여 자기 목숨을 버리면 이보다 더 큰 사랑이 없나니 너희가 내가 명하는 대로 행하면 곧 나의 친구라 이제부터는 너희를 종이라 하지 아니하리니 종은 주인이 하는 것을 알지 못함이라 너희를 친구라 하였노니 내가 내 아버지께 들은 것을 다 너희에게 알게 하였음이라 너희가 나를 택한 것이 아니요 내가 너희를 택하여 세웠나니 이는 너희로 가서 열매를 맺게 하고 또 너희 열매가 항상 있게 하여 내 이름으로 아버지께 무엇을 구하든지 다 받게 하려 함이라 내가 이것을 너희에게 명함은 너희로 서로 사랑하게 하려 함이라

예수님은 친구를 찾고 계셨다. 아니, 친구가 되셔서 당신의 역할에 성실하셨고 마침내 사랑의 극치인 그 친구를 위해 목숨을 내어 주셨다. 이를 보고 우리는 친구의 관계, 교제의 깊이를 엿보게 된다.

가벼운 호칭, 가벼운 동기, 형식적인 의례, 빠른 정리와 거짓된 소개들은 경계해야 할 대상이다. 서로의 관계에 대하여 정직하게 표현하고, 그 깊이를 더해 가는 과정과 무르익는 시간의 축복을 누릴 준비와 기대를 갖는 것이 섣부르게 관계를 설정하고 쉽게 버리거나 버림을 당하는 것보다 복된 일이기 때문이다. 나의 마음과 정신이 맑아져 진정한 친구를 알아보는 분별력의 눈과 지혜가 있기를 원한다.

사람의 관계는 꽃나무를 키우듯이 물을 주고 가지를 치며 시간을 보내는 배려와 인내와 경험을 공유하는 수고가 더해져야 할 것이다.

누군가 큰 헌금을 했다고, 어떤 프로젝트를 도와 주었다고, 함께 긴 여행을 했었다고 친구가 될 수 없다. 이러한 과정의 경험이 쌓이고 또 쌓이도록 사랑이라는 목적을 가지고 일상을 더불어 살아갈 때에 관계의 목마름을 해소할 친교가 일어나고 진지한 친구의 관계로 자랄 것이다.

선교 훈련을 받던 시절, 나는 미래가 막막한 결정을 내려야 했다. 훈련 기간이 길어지고 늘어날수록 매일 생활고를 겪어야 했다. 왜 그렇게 사느냐는 주위의 질타가 있었다. 외로운 길인 것은 알았지만 교회 공동체 역시 그 길에 접어든 나를 이해해 주지 않을 때 너무 고통스러웠다. 작은 세상에서 큰 미래만 보고 사는 '몽상가'라는 주위의 염려에 추웠으며 출구가 전혀 보이지 않던 그때에도 나는 사람이 고팠었다.

'누군가 이해해 주는 사람이 있을 거야!'라는 막연한 생각은 현실을 이길 힘이 되지 못했다. 그때 조용히 다가와 토큰 _{버스 요금을 대신하던 일종의 표}을 한 손 가득 쥐어 주던 훈련원 동기의 배려가 작은 불씨를 이어 가도록 격려해 주었던 것을 잊을 수 없다. 그렇게 서로 비슷한 경험을 하고 있던, 훈련원에서 만난 다양한 배경의 훈련생들의 간증을 들을 때 함께하시는 하나님을 뵈었다.

고단한 삶의 여정에 나와 동일한 사람이 있다는 것과 그들과 교제를 나눌 수 있는 것은 엄청난 축복이다. 혼자가 아니라는 것을 상기해 줄 수 있는 사람으로부터 받는 시너지와 위안은 하나님 사랑의 구체적인 형상이 되어 약해진 무릎에 힘을 더해 준다는 것을 알게 된 것이 얼마나 감사한지 모르겠다!

비가 오던 축축했던 그날, 낡은 기와 위로 떨어지는 빗방울에 아버지가 보고팠던 나는 진실한 사람이 그리웠던 것이다. 믿을 수 있는 안전하고 진실된 교제를 나눌 사람이 필요했다.

어떻게 그 순간을 이겨 내고 지나왔는지! 나 자신이 대견하다. "잘했어!" 토닥 토닥.

그러한 터널을 지날 때마다 하나님 긍휼의 그늘 아래 머물게 하신 사실을 부인할 수 없다. 그것은 사람을 보내 주시는 구체적인 도우심과 그 사람들로 인하여 새 힘을 얻게 하여 열매를 맺도록 인도하시는 하나님이 구성하신 패키지 선물 세트다.

선교지의 척박한 환경과 불편함은 사람을 빠르게 지치게 한다. 그 고단함을 없애 주고 함께 사명의 길을 걸어가는 진실한 친구가 되고 싶다. 세상의 절대 기준이 더 이상 나의 관계 안에 자리잡지 않도록 사랑이라는 목적을 붙잡고 기다리고, 가지를 치며, 진심이 관계의 중심이 되기를 기도한다.

☐ 체면 치레와 의무감이 관계에 작동되지 않기를

☐ 사용하는 호칭에 걸맞은 관계로 나아가기를

☐ 진실한 배려와 양보가 그 가치를 발휘하기를

☐ 겸손한 태도가 존중받게 되기를

☐ 분주함, 서두름, 권리 대신 진지함, 기다림, 감사가 관계의 모습이 되기를

☐ 아름다운 열매가 풍성하기를

☐ 주님 안에 완전히 거하기를

☐ 사랑이 목적이 되기를

정상이 아니라 과정
- 여정의 한 구간에서 -

　수년 전, 서울 본부에서 사역할 당시 동료들에 의해 이끌려 가평에 위치한 유명산을 오른 적이 있다. 가볍게 산책하는 줄 알고 갔다가 6시간 정도 등산하게 되어 당황했다. 그러나 동료들과 떨어지는 것보다는 함께 있는 것이 좋아서 더불어 산을 오르기 시작했다.

　한두 시간 산책을 하는 수준이라는 동료들의 말과는 달리 초입부터 가파른 산길이 한참이나 계속되자, 등산복에 폴대와 등산화까지 착용하고 나선 다른 분들에 비해 치마를 입었던 아내와 나의 랜드로버 신발이 가파른 산을 오르기에는 많이 불편했고 힘도 들었다. 속았다고 한참을 불평했는데 어처구니 없이 그 산행에서 등산의 매력을 알게 되었다. 이제 나는 마니아 수준은 아니지만 선교지로 복귀하고도 기회가 되는 대로 주변의 여러 산들을 찾는 행복한 취미를 가지게 되었다.

산을 오를 때마다 깨닫는 것은 정상으로 이끄는 등산로는 항상 위쪽으로만 있지 않다는 것이다. 계곡 아래로 내려가는 내리막길도 자주 등장한다.

특별히 명지산을 오르던 때, 나는 등산 입문 초보였는데 의욕이 앞서 선두에 섰다가 표지판을 놓치고는 길 위쪽만 향해 이동했다. 뒤따라오던 분들은 나를 걱정해서 계속 나의 방향으로 이동했다. 가파른 능선에 오르니 생각했던 곳과는 거리가 먼 곳에 올랐다는 것을 알게 되었다. 정상으로 가기 위해서는 능선을 오르던 초입에 계곡 아랫길로 갔어야만 했던 것이다. 계곡 아래에서 방향을 잘못 잡은 결과, 엄청난 방향각의 오차로 이동거리가 늘어나게 되어 동료들에게 너무 미안했다.

동료들은 초보가 앞선 길이 잘못되었다는 것을 알면서도 꾸준히 나의 뒤를 따라와 주었다. 미안하다는 나의 사과 덕분에 봉우리를 하나 더 방문하게 되었다고 괜찮다고 해 준다. 산을 오르는 분들은 이런 여유가 있는 것 같다.

그렇게 힘겹게 오른 정상은 대부분 사방이 아름답다. 성취감은 말할 수도 없다. 정상에 서 있는 표지석에 기대어 사진도 찍고, 오르느라 지친 몸을 달래고 식사나 간식도 한다. 하지만 이내 하산을 준비해야 한다. 오르는 데 시간을 많이 소모했다면 하산은 더 빠르게 준비해야 한다. 아름다운 정상은 오래 머물 수 있는 곳이 아닌 것이다.

조지 버나드 쇼가 "사람은 산 정상에 오를 수 있지만 거기에 오래
도록 머물 수는 없다."라고 하였듯이 정상에 오른 사람들은 하산 방
식을 배워야 한다.

나는 하산 중에 늘 무릎이 아프다. 유독 계단이 많은 한국의 산에
서는 내리막 계단에서 여지없이 무릎 통증을 느낀다. 오르는 것보다
내려오는 것이 너무 고통스러워서 특수한 보호대를 구매하여 착용하
고 난 후부터 한결 낳아졌다. 하지만 하산하는 길에는 많이 조심하는
습관이 생겼다.

하산 길은 조용할 때가 많다. 나의 아픈 무릎 때문에 이동 속도가
느려져 동료들과도 거리가 떨어지기 일쑤다. 그렇게 두어 시간을 홀
로 하산하다 보면 조용한 시간에 찬양도 불러 보고 기도도 하고 나를
돌아보는 시간에 자주 눈물을 흘린다. 하나님과 독대하는 시간이 되
어 후회도 하고, 마음을 다잡기도 하게 되는 하산 길이 어느새 너무
좋아서 산행을 계속하고 있다.

2017년 3월, 선교회 본부 식구들과 제주도 회의를 간 적이 있다.
때마침 의기 투합하여 한라산을 오르게 되었다. 그날 따라 눈이 정말
많이 내렸다. 등산 계획을 잡으신, 경험 많으신 선교사님의 산행 계
획에 따라 성판악에서 관음사를 잊는 등산 코스로 이동하였다.

초보가 눈 덮인 한라산을 아이젠도 없이 오른 나는 정상 근처에서

체력이 거의 바닥났다. '관음사'로의 하산 길이 그렇게 길고 어려운 줄 모르고 진행하다가 큰 고생을 했던 적이 있다.

그날 지루하고 지친 하산 길 중간에 한 나이 들어 보이는 등산객이 앞에서부터 오는 모습을 발견했다. 여유 있는 걸음걸이와 건네는 인사말에는 남다른 친절함과 품위 같은 것이 느껴졌다. 언뜻 봐도 시니어이신 분이 겨울산을 혼자서 여유 있게 오르는 모습은 내게 큰 감동으로 다가왔다.

성공적인 선교 사역이라는 목표를 가지고 부지런히 발걸음을 내딛다 보니 성공에 대한 개념을 점검하게 된다. 성공적인 등산이 정상에 서는 것이라면, 그것은 등산의 진정한 의미를 부분적으로 이해한 것일 것이다. 등산은 정상 정복이 포함되기는 하겠지만 사실 산을 오르는 그 자체가 주는 유익과 의미가 더 크다.

실제로 정상에서 오래 머물지 못하고 속히 하산해야 한다면, 산행자체에서 더 많은 것들을 발견하도록 하자. 숨도 깊게 쉬고, 중간중간 머물러 정취도 누리고, 좁은 길의 아기자기함과 넓은 시야에서 웅장함과, 높은 하늘에 닿아 있는 구름의 기묘함에 빠져 보자. 산 아래 풍경에 취하며 호연지기도 가져 보고 숨이 목까지 차오를 즈음에 그늘에서 물 한 모금의 감사함에 젖어 보자. 동행하고 지나는 등산객들과 눈인사와 짧은 인사 한마디도 놓치지 않도록 하자. 이런 산행 그 자체가 소중하다. 그렇다면 정상에 도달하지 못했어도 성공적인 등산일 것이다. 목적을 충분히 달성했다.

　그런 차원에서 선교의 삶을 사는 내 삶에서 성공의 의미를 조금 더 자세히 들여다본다. 이 선교의 여정이, 보여지는 성과나 업적이라 할 만한 것들보다도 더욱 중요하게 다가온다.

　누군가는 눈에 띠는 자리와 일들을 부여받을 수 있을 것이다. 그것이 많은 사람의 주목을 받는다면 세상의 인식으로 우리는 이를 성공이라 할 수 있을 것이다. 그런데 선교는 세상 가치와 근본적으로 다른 면이 있다. 그분의 일을 하는 자는 언제나 그 뜻에 의한 인생을 살 수 있어야 한다.

　큰 일을 이루려는 것은 자신의 의지가 드러나는 것일 수 있다. 반드시 정상에 오르는 성공을 거두어야 한다는 강박에 빠져들기 쉬운 것처럼 말이다.

　등산을 하듯이 그리고 그 산행 자체에 집중하듯이 선교도 일상이 되어야 할 것이다. 이 여정이 우리를 그분의 목적으로 이끌어 가실 것이다.

　노자는 '공성이불거'功成而弗居라고 "공이 있는 곳에 머물지 않으니 공이 사라지지 않는다."라고 하였다. 노자의 이 명언대로 사신 분이 바로 예수님이다.

　예수님께서는 인류 역사상 가장 위대한 일을 하셨지만 아버지의 뜻을 이루는 방식으로만 사셨다. 이 위대한 일에 대하여 당시 사람들은 전혀 이해할 수 없었다. 심지어 이해하지 않으려고 작정한 듯하였다. 예수님은 이러한 일들에 개의치 않으신 듯한 삶을 사시며 미션을 수행하셨다. 그것은 아버지의 뜻을 이루는 것이었으니 우리에게 있는 선교사 예수님은 어떻게 선교를 해야할 지를 친절하게 알려 주고 본으로 보여 주신 것이다.

선교 사명에 부름을 받아 선교사로 살아가는 특별한 삶을 "성령으로 시작했다가 육체로 마칠 수 없다." 결코 그럴 수 없다. 이 엄중해 보이는 사명의 길이 매우 복되게 여겨지는 것은 하나님이 "큰 일을 해내라! 정상을 반드시 정복해라!"라고 하지 않으시는 것이다.

삶의 여백을 얻는다. 삶의 여정이 중요한 것이라는 사실을 이해하는 순간 정상을 정복하는 것이 성공이 아니라 매일의 일상에서 성실하면 그것이 하나님의 사명을 이루는 길이 되고 성공이 된다는 역설적인 진리로 마음에 평안이 찾아온다.

그 속에서 진지하게 하루를 살며, 회환과 통찰과 새로움과 감사 속에서 하나님과의 만남이 이루어진다. 그렇게 선교의 진정한 목적인 예배가 곳곳에서 드려지고 예배자들이 세상 어느 곳에서든 하나님께서 주신 복음의 영향력을 세상 가운데 전하는 하나님의 선교가 드러나게 되는 것이다.

이것도 하고
저것도 해야

하나님께서 저희를 심어 두신 알바니아는 (사)한국해외선교회가 몇몇 국제 단체와 협력하여 한국 선교에 있어서 처음으로 개척한 선교지다.

1992년 이전 알바니아는 한국의 그 누구에게도 주목받지 못했던 북한과 더불어 지구상에서 가장 폐쇄적이고 주체적인 공산주의를 한 국가이자 500년간 오스만 터키의 이슬람 통치를 받았던 동유럽 최빈 국의 불명예를 가졌던 변방 국가였다.

서구에서는 이 나라를 위해서 수십 년간 기도를 이어오던 기관과 교회들이 있었다. 감사하게도 나는 이곳에서 30년을 기도한 끝에 이 땅을 밟은 미국 출신 노_老 선교사님을 직접 만날 수 있었다.

처음 그분을 만날 당시 선교사님은 80세 정도셨고, 그분의 간증을 들으며 경의로우신 선교의 하나님의 열심을 뵈었다.

그래서인지 알바니아에 배치된 각기 다른 배경의 한인 선교사들은 하나같이 연합과 상호 배려를 나누고 있다. 알바니아 주재 선교사의 주류인 서구 출신_{최근에는 남미와 동남아 그리고 일부 아프리카 출신 포함} 선교사들과 더불어 약 350여 명의 사역자는 두 가지 원리를 가지고 '알바니아 격려 프로젝트'_{Albania Encouragement Project} [1]라는 지붕 아래서 사역하고 있다. 독특한 사역 형태다.

그 두 가지 원리는 협력과 현지인 중심 사역이다. 특히 협력은 바울과 같이 남의 터 위에 집을 짓지 않는[2] 원리를 가지고 중복 사역을 피하고, 새로운 지역 개척_{진입}시에는 형제로서 전략적 나눔과 협의의 과정을 거치고 상호 존중 가운데 언제나 현지에 유익한 결의를 하는 것에 있다.

한인 선교사들도 정기·비정기적인 세미나와 포럼을 통해 진행 중

---

1 알바니아 격려 프로젝트(AEP)는 1991년 10월 알바니아의 개별 사역에서 자율성을 유지하면서 함께 협력하기를 원하는 복음주의 기독교 단체들과 교회들에 의해 설립되었다. AEP는 현재 약 70개의 다른 기독교 선교 단체로 구성되어 있다. AEP는 "선교 공동체에 비전, 자원 및 서비스를 제공함으로써 알바니아인의 삶에 성경적으로 영향을 미치는 것"을 목표로 하고 있다. AEP 사무소는 여러 부분에서 회원들을 돕고 있는데, AEP 회원들은 교회 개척, 기존 교회 강화, 알바니아인 리더십 개발, 경제 및 지역 사회 개발 촉진, 인도주의적 지원 제공에 중요한 역할을 하고 있다.
2 "또 내가 그리스도의 이름을 부르는 곳에는 복음을 전하지 않기를 힘썼노니 이는 남의 터 위에 건축하지 아니하려 함이라(롬 15:20)."

인 사역에 대하여 선교 신학적 성찰의 기회를 갖고 복음 안에서 통합하려는 노력을 지속하고 있다. 가장 최근에 열린 알바니아 선교 포럼은 2019년 한인 선교사가 알바니아에 진입한 25년을 기념해서 열렸다. 나도 'New Normal 시대 한인 선교사의 역할'이라는 주제로 발제할 기회를 얻어 선교사들과 의미 성찰의 시간을 가질 수 있었다.

포럼의 마지막 일정이었던 질의 응답 시간에 '도시 선교와 시골 지역 선교 사역'에 대하여 질문을 받은 기억이 난다. 선교 사역이 사람 많은 도시를 중심으로 수행하는 것보다 사람들이 빠져나가고 있는 소외된 시골 지역에 사역을 집중하는 것이 필요하지 않겠느냐는 것이 질문의 핵심 내용이었다. 나는 결론적으로 이것도 하고 저것도 해야 할 것이라고 답하였다.

이 질문을 배경으로 지난 선교 전략과 집중 현상에 대비하여 냄비 근성[3]에 대해 성찰해 본다.

우리가 선교 훈련을 받던 90년대 초 한국 선교계는 두 가지 개념의 혁신이 추진되고 있었다. 첫째는 평신도를 깨우는 운동이고, 둘째는 전문인 선교가 그것이라 할 수 있다.

전임 목회자와 평신도 사역자 사이에 정당하지 않게 피해 의식이

---

3 군중들이 빨리 끓어오르고 빨리 식는 현상을 냄비에 빗대서 부르는 말이다. 단순히 어떤 화두에 대해서 과열 양상을 보이는 것과는 좀 다른데 비판의 요지는 빨리 끓는 것보다 빨리 식는 데 있기 때문이다.

있었던 것은 어떤 주제가 강조되는 과정에서 지나치게 기존 것들을 부인하거나 비판하는 경향을 피할 수 없었기 때문일 것이다.

결과적으로 뜨겁게 평신도 선교 운동의 불이 지펴지고 지금은 수 없이 많은 평신도 선교사가 전 세계에서 사역하고 있는 것은 감사한 일이다. 하지만 평신도 선교사들과 전임 목회자 중심의 전통적인 선교사 개념이 충돌했을 때, 성숙하게 대처하지 못해서 겪은 혼동과 갈등과 소모는 민망했고 각성이 필요한 일이었다.

이것도 하고 저것도 해야 한다. 신학을 하고 목사 안수를 받은 목회자들만의 선교가 전통적 선교라는 표현도 미숙하고, 만인제사장의 시대가 열렸다며 자신을 성찰하지 않고 훈련을 간과하고 모두 선교사라고 주장하는 것도 어딘가 어설픈 표현이다.

과거의 충돌이 성경적이지 않고 복음에 부합되지 않으며 계급화된 인식에서 온 경쟁심과 욕심에 기인했던 오류를 인정해야 한다면, 우리는 이런 공동체임을 드러내야 할 것이다. 하나님 나라에서 우리는 동일하고 서로 사랑하고 존중하여 그리스도의 장성한 분량까지 성장하며 성인답게 세상의 유혹에서 승리하고 사랑 안에서 참된 것을 행하는 공동체 말이다.

목사이든지 그렇지 않든지 각각의 역할이 다를 뿐 서로가 필요한 존재이고 존중해야 할 대상이고 사랑해야 할 사람들인 점에 방점을 가져야 한다.

그가 어떤 사람은 사도로, 어떤 사람은 선지자로, 어떤 사람은 복음 전하는 자로, 어떤 사람은 목사와 교사로 삼으셨으니 이는 성도를 온전하게 하여 봉사의 일을 하게 하며 그리스도의 몸을 세우려 하심이라 우리가 다 하나님의 아들을 믿는 것과 아는 일에 하나가 되어 온전한 사람을 이루어 그리스도의 장성한 분량이 충만한 데까지 이르리니 이는 우리가 이제부터 어린 아이가 되지 아니하여 사람의 속임수와 간사한 유혹에 빠져 온갖 교훈의 풍조에 밀려 요동하지 않게 하려 함이라 오직 사랑 안에서 참된 것을 하여 범사에 그에게까지 자랄지라 그는 머리니 곧 그리스도라 _ 엡 4:11-15

선교사 배치와 집중에 있어서도 하나님의 선교_missio Dei_로 잘 설명해 준 『퍼스펙티브스』_Perspectives on the World Christian Movement_[4]의 자료를 참고하여 살펴볼 필요가 있다. 이 책에 따르면, 선교는 크게 세 개의 시대로 구분되는데 '윌리엄 캐리의 해안 선교 시대, 허드슨 테일러의 내지 선교 시대, 랄프 윈터의 미전도 종족 시대'다. 랄프 윈터 박사는 또한 기독교 선교 역사를 다음과 같은 시대로 구분하여 선교의 하나님에 대해 이해시켜 준다.

---

4 이 책은 152명의 선교사와 선교학자가 쓴 글을 랄프 윈터와 스티븐 호돈이 집대성한 것으로 선교에 대한 최고의 교과서로 자리매김하고 있다(2010년에 정옥배·변창욱·김동화·이현모 번역으로 예수전도단에서 출간하였다). 선교를 바라보는 네 가지 관점(성경적, 역사적, 문화적, 전략적)을 제시하며 하나님의 목적에 부합한 선교가 일어나는 참된 과정을 배울 수 있다. 이 땅의 복음화를 이루는 과업을 준비하고, 선교에 대한 광범위한 지식을 제공할 뿐만 아니라 때마다 달라지는 선교 현장과 최신 자료들을 생동감 있게 전달한다.

□ 1세기 - 400년: 로마인 선교 시대

□ 400년 - 800년: 야만인 선교 시대

□ 800년 - 1200년: 바이킹 복음화 선교 시대

□ 1200년 - 1600년: 사라센족 선교 시대

□ 1600년 - 2000년: 땅끝 선교 시대

이러한 역사적인 분석 자료를 통하여 각 시대마다 일하시는 하나님의 모습을 배운다. 선교는 사람이 주도하는 듯하여도 하나님께서 사용하시는 사람이 있을 뿐 선교의 하나님께서 직접 개입하셔서 운행하심 가운데 있음을 인정할 수밖에 없는 것이다.

다만 유행처럼 창의적 접근 지역의 선교가 강조되면 추수 지역의 선교가 잊히거나 무의미하게 다루어지는 것은 일종의 '냄비 근성'이며 근절되어야 할 습관이다. 어느 날 동남아시아가 강조되고, 어느 날 중앙아시아가 강조되며, 어느 날 아프리카가 강조될 때마다 일어나는 쏠림 현상이 '냄비 근성'이다.

어떤 것의 강조나 새로운 기조가 기존의 것을 부정하는 의미는 아닐 것이다. 그것이 기존 것들에 혁신을 촉진하고 상호 보완되어 보다 튼튼한 근육을 키우는 자극 운동으로 이해되고 받아들여지도록 균형 있는 여유를 갖고 싶다.

이것도 하고 저것도 해야 한다. 세계 선교가 하나님의 선교라면 하나님의 사람들이 순종하고 예배드릴 장소는 유행따라 이리저리 쏠리지 않는 선교 현장이어야 하기 때문이다. 지나친 주장보다는 하나님의 인도하심에 따르는 영적 민감성과 부드러운 순종의 마음이 필요하다.

왕의 백성인 그리스도인들에게는 개인 상황에 따라 하나님의 선교가 좌지우지되지 않도록 균형 있는 신앙과 복음의 열매가 요청된다. 참 어려운 말이 아닐 수 없다. 하지만 성육신 선교를 친히 행하신 예수님의 본을 따라 방향과 결정의 원리는 성육신적, 즉 선교 현장의 사람들에 대한 존중과 그들에게 맞추어진 초점으로 행하는 방식이 아닐까 싶다.

이것도 하고 저것도 해야 한다. 최근 총체적 선교에 대한 관심이 뜨겁다. 맞다! 총체적 선교는 삶과 언어가 일치된 선교가 되는 것에서 출발하여 전인적이 되며, 선교 사역이 어떤 주제나 영역에 머물지 않고 창조 세계 전 영역과 인류에 걸쳐 일어나는 것을 의미하기 때문이다. 그러므로 우리는 서로 필요하고 연결되어야 한다.

이러한 우리의 연결Connection 방향은 이렇다.

☐ 교회에서 세상으로
☐ 내가 머무는 땅의 국경을 넘어 전 국가로

☐ 친근한 나의 전공 분야에서 모두와 협업하는 이질적인 현장으로

☐ 복음의 영향력이 제한을 받지 않고 창조 세계의 모든 영역으로

☐ 내가 머무는 공동체에서 하나님 나라로

이렇게 우리는 연결의 방향키를 맞추어야 한다.

불확실성 시대의
선교

　　최근 코로나 바이러스가 세계를 침공(?)하고 있는 가운데 눈에 보이지 않는 매우 작은 것들의 영향력이 얼마나 큰 것인가 새삼 느끼고 있다.

　　바이러스 감염 확진자가 급증하면서 세계는 불확실성不確實性 상황에 직면하게 될 것이라며 각국의 대처에 대한 뉴스가 계속되고 있다.

　　'불확실성Uncertainty의 사전적 의미는 "완전하지 않거나 알 수 없는 정보를 수반하는 상황"이다. 즉, 어떤 의사 결정을 하기 위해 필요한 정보의 부족이라는 것이고, 이는 결정 이후, 결과에 대한 예측의 정확도가 현저히 떨어지거나 실패 확률이 높아져 경직이 야기되는 것이라고 해석할 수 있다.

　　중국에서 야생 동물과 박쥐를 먹어서 바이러스가 생겼다는 코로나

19에 대한 소문이 창궐하던 시기, 한 동료 선교사가 나누어 준 이야기에 감동과 도전을 얻었다.

이분은 최근 새로운 별명이 생겼다고 한다. 집 근처 길을 걸으면 지나는 사람들이 '코로나 바이러스'라며 손으로 입을 가리고 회피한다고 한다. 그래서 지금 자신의 별명이 코로나 바이러스가 되었다고 했다.

이러한 인종 차별적 대우를 받는 현실 앞에서 선교사님은 바이러스라는 이름의 다른 별명을 갖기 원하는 소원이 생겼다고 했다.

"코로나 바이러스는 사람을 죽이는 바이러스지만 사람을 살리는 바이러스로 불리고 싶어요. 복음 바이러스, 십자가 바이러스, 소망 바이러스 …. 그러면 좋겠어요."

마침 이 간증을 통역하던 나는 성령의 큰 감동으로 충만해졌다. 때때로 상황을 역설적으로 접근하면 답이 보이는 경우가 있다.

그러면 향후 전개될 불확실성이 선교에 미칠 영향에는 어떤 것들이 있을까?

첫째, 이단 사이비 신천지가 드러나면서 사회는 종교에 대한 기대감 하락과 혐오감이 상승할 것이다. 신천지가 만천하에 드러나면서 저들의 포교 방식에 대한 사회적 단죄가 내려지고 종교를 빙자한 저들의 만행적 사회_{가정} 파괴에 대한 경각심이 일어난 것은 다행스러운 일이다. 하지만 종교에 대한 무관심이 증가할 것이다. 신천지 등 이 단들이 활용하고 있는 다양한 문화, 스포츠, 비즈니스 및 정치를 도구로 한 포교가 사회에 혐오스럽게 드러나 선의를 가진 기성 기독교 선교에 미칠 악영향이 없지 않을 것이다. 신천지의 '모략 전도' 방식은 목적을 위해서 거짓말을 사용하는 종교적 당위성을 행동에 옮기게 함으로 사회 불신을 조장하였기에 건전한 선교사들의 활동에도 적지 않은 의심과 경계하는 시선이 국내외적으로 있을 것이다.

둘째, 각국의 코로나 바이러스 대책이 국경 폐쇄 등 지역 사회 감염을 막기 위해 사회적 거리두기를 권장_{실제로 효과적인 조치}하면서 국가와 사회 전체가 고립되고, 그 결과 사회 활동의 제한을 받게 되는 대가를 치르고 있는 점에 주목한다.

이로 인해 세계 여러 교회들은 모임과 예배를 중단하고 있고 장기화될 경우 사회의 다른 비즈니스 활동과 함께 심각한 운영난을 겪게 될 것이다.

한국 교회가 맞이하게 될 위기가 선교지에 그대로 반영되는 역학적 구조를 고려할 때, 코로나 바이러스_{전염병}로 인하여 한국 교회가 직면하는 도전과 고난은 선교지로 연계될 것이다. 선교사들의 삶과 사역 역시 위축과 새로운 도전에 처해질 것이다.

한국 교회의 신앙 절개로 여겨졌던 주일 성수가 방역을 위한 사회적 거리두기로 인하여 붕괴되면서 온라인 예배, 가정 예배 등 비대면

방식으로 대체되고 있는 현실 또한 예배와 교회의 역할과 신앙 공동체의 대한 개념 정리를 요구받게 되었다.

셋째, 유감스럽게도 자국 우선주의는 최근 미국을 중심으로 전세계 국가에서 빠르게 일어나는 정책 중 하나다. 우방이며 친구라 여겼던 국가들이 한국인 여행객들을 추방시키거나 입국 금지를 시킨 것은 해외에서 사역하는 선교사들에게는 피부에 와닿는 위협이다.

미국이 유럽 발 모든 항공기의 입국을 막은 것은 수년 전에는 상상하기 힘든 정책이다. 이전에 G7 국가들이 세계를 위해 공조하고 협력하던 모습과는 확연히 대비되는 상황을 맞닥트리고 있다. 심지어 통합 국가를 선언한 EU도 이번 사태에 있어서 자국 우선주의 정책으로 혼란을 겪고 불만이 높아지고 있다.

이는 선교사들의 이동이 제한된다는 의미가 되기도 한다. 선교사의 이동이 제한을 받는 것은 기존 선교 방식에 매우 큰 도전이고 그간 세계 교회가 섬겼던 여러 형태의 단기 선교팀 사역에도 적지 않은 위축을 가져올 것이다.

넷째, 불확실성 그 자체다. 예상할 수 없을 정도로 세계는 움직이고 있다. 최근 세계은행과 IMF는 전세계 경제 성장률이 약 3%, 한국은 2% 정도 될 것이라 발표했다. 이와 같은 1월 발표는 최근 코로나바이러스 영향으로 더욱 하락할 것이라는 전망을 내놓았는데 국제기구의 예상이 계속해서 조정되고 수정되는 것은 불확실성의 대표적인 예다.

알바니아 정부는 언젠가 마스크가 필요없다고 했던 적이 있다. 코로나에 대응 준비가 잘 되어 있다고 정부 당국자는 계속 언론에 발표했지만 지금 알바니아는 이전 발표와 완전히 다른 모양새다. 정책 수반자들이 과거처럼 장담했다가는 크게 곤혹을 치르게 되는 양상이 펼쳐지고 있는 것이다.

또한 우리는 얼마나 많은, 올해 전반기 계획했던 중요하게 여기던 일들이 취소되고 집행할 수 없는 상황에 직면에 있는가? 선교비 역시 변함없이 선교지로 송금될 것이라고 보장할 수 없으며, 우리가 계획한 연차 프로젝트가 시도조차 될 수 없을지도 모른다.

선교사로 만 26년, 선교를 준비하던 훈련생 시절을 더하면 선교와 더불어 30년이 지나가고 있는 나는 처음 선교사님이라는 호칭에 너무 떨렸다, 부담감이 컸다. 몸둘 바를 몰랐다.

때로는 선교사로 감내하는 것들이 고단했고, 외로워서 수많은 밤을 자지 못하고 울며 괴로웠으며 선교사라고 주어진 사랑의 달콤함에 빠져 주책을 부리며 살았다. 입으로는 선교사는 되어져 가는 것이라고 말했지만, 마음은 이미 삐죽하다.

이런 내게 여전히 성도들과 동료 현지 목회자들이 교제를 나누어 준다. 나이 들어 말도 많아졌지만 동료 선교사들이 곁에 있어 주는 것은 기적 같은 우정이다.

"블랙독"이라는 드라마의 한 조연 배우의 대사가 떠오른다.

"내가 교사가 되었을 때 스물여섯, 교사가 무엇인지 몰랐습니다. '시간이 지나면 알게 되겠지.' 했어요. 오늘 퇴임을 하는 저는 … 제길, 아직 모르겠습니다. 그래도 저의 동료가 되어 준 선생님들 그리고 저의 제자가 되어 준 학생 여러분 감사했습니다."

아직 나 역시 선교사가 무엇인지 배워가고 있고 확실하게 잘 이해하고 수행할 것이라고 장담하기에 부족하다. 그럼에도 불확실성의 시대를 살아야 하는 나는 여전히 그리스도인들에게 주어진 위대한 명령에 대한 순종이 이 시대에도 계속되어야 한다고 생각한다. 그러하기에 선교사로 맞닥뜨리는 불확실성의 도전에 대한 적절한 반응_{전략}에 대해 살펴보고 정리해 본다.

□ 바이러스처럼 영향력으로 살아가는 것이다

생명을 주는 바이러스, 소망을 주는 바이러스, 십자가의 증거가 있는 바이러스로 말이다. 참으로 미세한 것의 영향력이 대단하다.

영향력을 가르쳐 주려고 주님께서는 그럴 듯하고 세상이 인정할 만한 상징과 위대함의 옷을 입지 않으시고 볼품없는 모습으로 우리처럼 우리에게 오셨나 보다.

성경은 우리에게 그리스도의 편지이며 향내나는 영향력 있는 삶을 살라고 교훈하고 있다. 누가복음 13장 21절에 가루 서 말 속에 갖다 넣어 전부 부풀게 한 누룩과 같이 말이다. 누룩은 그것이 둘로 나뉘어져 효소가 나와 밀가루를 부풀게 한다. 세상은 깨어진 그리스도인을 보고 하나님께 영광을 돌릴 것이다.

사도행전 11장에서 안디옥 사람들에게 예수 믿는 사람들로 처음 그리스도인이라는 별명이 붙여진 것처럼 그 삶이 향기로운 본질에 충실한 그리스도인이 발견되도록 선교사는 선한 바이러스로 별명이 붙여져야 하겠다.

존 파이퍼 목사님의 『코로나 바이러스와 그리스도』*Coronavirus and Christ*[1] 에서 언급한 바와 같이 전무후무한 팬데믹을 마주한 지금, 하나님의 위대하심에 기대를 더하며 그분의 통치하심과 위대하심을 기뻐하자. 그리고 톰 라이트 목사님의 『하나님과 팬데믹』*God and the Pandemic*[2] 에서 도전하듯이 하나님의 긍휼로 세상을 바라보고 판단과 결정을 유보하자. 그렇게 세상의 슬픔과 고통에 공감하고 함께하자.

□ 함께 슬퍼하고 함께 기뻐하는 동참

세상은 정치인과 종교인에 의해 변화되지 않으며, 대구·경북으로

---

1 2020년에 조계광 번역으로 개혁된실천사에서 출간하였다.
2 2020년에 이지혜 번역으로 비아토르에서 출간하였다.

달려간 사람들에 의해서 변화된다는 칼럼을 본다. 그들도 가족이 있으며, 그들도 직장이 있고, 그들도 안전하고 싶을 것이다. 코로나19로 고통과 두려움이 창궐한 지금 거의 매일 이러한 사람들의 이야기를 듣고 있으며 언론은 이분들을 의인이라고 부르고 있다.

선교적 삶은 이와 같은 모습과 영향력을 가진 삶과 유사할 것이다. 의료인들의 헌신을 보며 헌신의 삶의 길을 나선 나는 불확실한 미래에 대한 염려와 불안을 떨쳐내고 추구해야 할 본질적인 삶의 방향으로 각오를 새롭게 한다. 세상의 필요를 위해 동참하는 구체적인 행동이 필요하다.

□ 위기의 시대, 더욱 선명하게 마음을 감동시키는 도전은 회개다
격리된 이 시간은 각성과 회개의 기회로 주어진 시간이다. 하나님께 돌아가는 회개다. 행동하는 회개다. 상대_{세상}의 눈높이에 맞추어진 회개다.

신천지를 보며 몸서리치지만 사실은 너무 부끄러웠다. 누구의 문제가 아니라 나의 내면의 문제가 더 큰 문제이기에 아닌 척 다른 척할 수가 없다.

'신천지가 만천하에 드러나 다행이다!'라고 생각하다가도 이 세상에 항상 존재하는 사이비 이단의 문제가 아니라 건강하지 않은 나의,

우리의 신앙에 대한 절개가 온전하지 않았음을 인정하게 된다.

> 내 이름으로 일컫는 내 백성이 그들의 악한 길에서 떠나 스스로 낮추고 기
> 도하여 내 얼굴을 찾으면 내가 하늘에서 듣고 그들의 죄를 사하고 그들의
> 땅을 고칠지라 _ 대하 7:14

1997년, 알바니아 사태로 우여곡절을 많이 겪었다. 당시 생명의 위협으로부터 대피한 선교사들이 이탈리아의 한 수련회장에 모여 시편 66편을 묵상하며 서로 부여잡고 울던 기억이 생생하다. 그때 나는 초심을 보았다. 그때 우리는 소명이라는 무게의 어떠함을 가장 선명하게 깨달을 수 있었다.

선교는 생명을 살리는 원리가 수반된다. 그래서 그 책무가 막중하고 그 환경이 고단하며 훈련이 거세다. 책임은 무한하고 권리는 약소하다. 이런 선교사가 필요하다는 것을 복음을 모르는 세상도 알고 원한다. 상식이기 때문이다.

"세상 흔들리고 사람들 주를 떠나도 나는 주를 의지해."라는 복음 성가 가사처럼 기독교의 본질이 고난을 통해서 더욱 선명해진다면, 지금 우리가 당하는 불확실성에 대한 위기는 두려운 존재가 되지 않을 것이다. 더욱 기본을 충실히 할 수 있는 기회가 되기 때문이다. 하

지만 지난 세월 값비싼 대가를 치른 학습은 그 효과를 얻도록 향후 선교사의 삶에 반영되어야 할 것이다.

"우리는 선교적 방법론에 지나치게 몰두하지는 않았을까?"

"그 과정에서 지나치게 권리를 주장하려고 다툼으로 시간을 소비하지 않았을까?"

"사회가 지나치게 경쟁하게 내버려 둔 책임은 없을까?"

"우리의 경쟁은 건강한 것일까?"

"청년들은 어떻게 그렇게 교회를 떠나 이단 사이비 집단으로 흘러가게 되었을까?"

"하나님 나라에 대한 가치가 어쩌다가 그리고 우리 안에만 머물게 되었을까?"

이런 질문이 더 이상 우리의 양심과 가책의 짐이 되지 않도록, 더 이상 핑계와 판단의 걸림돌이 되지 않도록 말이다.

나이가 들면 성숙해야 한다고 배웠다. 오랜 선교사 경력이 추하게 보이지 않도록 성숙하여 원만하고 아름답게 살 소원이 일어난다. 눈에 띠지 않아도, 주목받지 못해도 생명의 바이러스처럼 하나님 나라에 유익하고 세상에 선한 영향력을 주어 하나님께서 영광을 받으시도록 불확실성의 시대는 이제 다시금 옷매무새를 새롭게 하는 전략적인 시간이며 기회다.

지난 몇 개월, 세계적인 유행병Pandemic 으로 인류가 누리던 일상이
사라졌습니다. 선교 사역도 코로나19 이전과 이후로 나누어질 정도
로 2020년 1월 이전과 같은 방식으로는 선교 사역을 지속할 수 없는
형국이 되었습니다. 혹자들은 진정성과 복음으로 사역하던 사역자들
의 사역은 그 깊이가 더해 가고 많은 재정을 동원하던 프로젝트 위주
의 사역은 지속 가능하지 못하게 되었다고 합니다.

위기이자 기회라며 코로나19와 관련한 수많은 대안과 관련 세미
나 그리고 글이 나왔다는 소식이 연일 들려옵니다. 로드니 스타크의
책, 『기독교의 발흥』The Rise of Christianity [1] 에서는 기독교가 세상의 대안으
로 또 가장 헌신적인 메시지로 영향력을 끼친 때를 주목합니다. 바로
165년 로마 제국에 창궐하여 인구 25%를 죽인 역병을 대하던 그리스
도인들의 신앙이 그들의 삶과 태도로 드러나 이를 통해 그리스도의
사랑이 발현된 그때입니다.

이 역사적 사명의 바통이 확실히 이제 오늘을 사는 우리 그리스도

---

1   2016년에 손현선 번역으로 좋은씨앗에서 출간하였다.

인들에게 전해졌습니다. 전달받은 바통을 분석하고 연구하고 발표할 것입니까? 아니면 그 원리에 따라 적용할 것입니까?

처음부터 계획하고 책을 준비한 것은 아닙니다. 그렇지만 이 책이 오늘 팬데믹 시대라는 어려워진 환경과 혼란한 가치관의 시대에 다시 복음으로 돌아가고, 그 복음의 본질에 우리의 연약한 삶을 견인하여 주는 하나의 작은 도구로 쓰이면 좋겠습니다.

5년 전, 본죽에서 배려해 준, 서울에 있는 깔끔하고 세련된 7평짜리 원룸 선교관에 걸려 있던 액자의 성구가 떠오릅니다.

주께 힘을 얻고 그 마음에 시온의 대로가 있는 자는 복이 있나이다
_ 시 84:5

첫날 입실하여 읽은 그 메시지에 얼마나 감동을 받았던지 한참이나 눈물을 흘린 적이 있습니다. 성경을 찾아보니, 6절과 7절은 이렇게 이어지고 있습니다.

그들이 눈물 골짜기로 지나갈 때에 그곳에 많은 샘이 있을 것이며 이른 비가 복을 채워 주나이다 그들은 힘을 얻고 더 얻어 나아가 시온에서 하나님 앞에 각기 나타나리이다

이 책의 원고를 교정하고 에필로그를 쓰고 있는 나는 지금 병원 검진 차 방문한 부산 해운대 해변이 내려다보이는 한 고층 아파트 선교관에 앉아 있습니다.

실로 하나님의 세밀하신 돌보심과 그 언약을 이행하시는 긍휼은 신비롭습니다! 전에도 그랬듯이 하나님은 끊임없이 "너는 내 것이라! 나는 너의 하나님이다! 이제 너는 그것을 기억하고 정의와 공평을 행하며 하나님과 이웃을 사랑하는 교훈 가운데 거하라."고 하십니다.

나에게 부어진 하나님의 이 같은 사랑이 나에게 머물지 않고 세상에 나타나 영향력이 될 때, 그 영향력이 커질수록 겸손이 깊어지는 삶, 그런 삶을 살기 소원하며 두렵고 떨리는 마음으로 이 책을 내놓습니다.

Rather than having a power that controls people,

Please give us an authority

that touches people's hearts and lead them

to voluntarily participate without forcing them with power.

Help us obey Your words and Your authority.

Live with an authority rather than having a power.

남을 복종시키거나 지배하는 권력(Power)보다

아무 권력이 없어도

사람들의 마음을 움직여 자발적 참여를 끌어내는

권위(Authority)를 허락하여 주소서.

하나님 말씀의 권위에 순종하고 성경 말씀의 권위를 세워가므로

그 능력의 권위를 사용하게 하소서.

From Mission to Missional Life